7

D1717969

JOHANNES VON HILDESHEIM

DIE LEGENDE
VON DEN
HEILIGEN DREI KÖNIGEN

Faksimileausgabe der deutschen Bearbeitung von
Karl Simrock aus dem Jahre 1842, mit einem Nachwort von Günter E. Th. Bezzenberger

Omega Verlag Kassel

Für die vorliegende Faksimileausgabe hat die Bayeri-
sche Staatsbibliothek München freundlicherweise ihr
Originalexemplar zur Verfügung gestellt (Signatur:
P.o.germ. 815 mf). Das Münchener Exemplar enthält
in einem dunkelgrünen Ledereinband ein broschier-
tes Heft der Erstauflage von 1842. Die erste faksimi-
lierte Seite gibt dessen Umschlagtitel wieder.
Die Fotos im Nachwort stammen vom Herausgeber.
Die Wiedergabe des Schlußvermerkes der Hildesheimer Handschrift erfolgt mit freundlicher Genehmi-
gung des Stadtarchivs Hildesheim (Best. 50 Nr. 267).
Auf dem Einbanddeckel: Die Wappen der Heiligen
Drei Könige aus der Sachsenchronik des Jahres 1492.

© 1979 Omega Verlag GmbH, Kassel
Druck: Thiele und Schwarz, Kassel, Wilhelmshöher Allee 254–256.
Alle Rechte vorbehalten.

ISBN 3–88556–000–3

Die
heiligen drei Könige.

Nach einer alten Handschrift herausgegeben

von

K. Simrock.

Frankfurt am Main.

Druck und Verlag von Heinr. Ludw. Brönner.

Die Legende

von den

heiligen drei Königen.

Volksbuch,

der Verehrung der heiligen drei Könige im

Dom zu Köln

gewidmet.

Zum Besten des Dombau's

neu herausgegeben

von

Dr. K. Simrock.

———————————◆———————————

Frankfurt a. M.

Druck und Verlag von H. L. Brönner.

Vorrede an den günstigen Leser.

Nachstehendes Büchlein, dessen Verfaßer, Johannes von Hildesheim, vor fünfhundert Jahre lebte, hat noch in diesem Jahrhundert unserm Altmeister Goethe großes Wohlgefallen erregt. Er verglich es mit den Volksbüchern, neben die es sich nach seinem Urtheil wohl stellen dürfe: gewiß hätte es ihn erfreut, zu erfahren, daß es wirklich, wie der uns vorliegende mit derben Holzschnitten gezierte alte Druck beweist, deutsches Volksbuch gewesen ist, und jetzt nach Verlauf von fast vier Jahrhunderten wieder werden solle, und zwar zunächst in der Stadt, in welcher und für welche es nach seiner Vermuthung geschrieben war. Denn er sagte: „Daß es in Köln und für Köln geschrieben sei, ergiebt sich aus dem Inhalte und aus dem Schlußrufe: o glückliches Köln!" Obwohl nun dieses Büchlein „für die Menge erfunden und geschrieben ist, die sich ohne den kritischen Zahn zu wetzen, an Allem erfreut, was der Einbildungskraft anmuthig geboten wird," so will ich doch einige Jahrszahlen hieher setzen, die Mancher gerne erfahren wird, weil sie die Geschichte des Büchleins betreffen. Johannes von Hildesheim starb 1375; der Bischof von Münster, Florentius von Wevelkoven, dem er diese Legende widmete, besaß vom Jahr 1364 bis zum Jahre 1379 den bischöflichen Stuhl. Die deutsche Uebersetzung ist im Jahr 1389 der Frau Elsbeth von Katzenellenbogen, der Herrin zu Erlbach, zu Liebe gemacht, die Basler Handschrift derselben aber 1420 geschrieben. Der Druck des deutschen Volksbuchs scheint vom Jahre 1480 (bei Joh. Pryß zu Straßburg) wenigstens sieht er andern, in diesem Jahre daselbst erschienenen Volksbüchern vollkommen gleich; der mir vorliegende alte Druck des lateinischen Originals: **Historia de translatione beatissimorum trium regum** (Mainz, bei Johannes Guldenschaff) ist erst vom Jahre 1486.

Bonn d. 1ten Juli 1842.

K. S.

Hier hebt sich an ein Buch, gesetzet zu Ehren unseres Herrn Jesu Christi und seiner Mutter Marien, von der heiligen drei Könige Würdigkeit, wie sie in die Lande kamen, was sie begangen und vollbracht haben bis an ihr Ende, darnach wie sie nach ihrem Sterben zerstreut und von einander gekommen und von Helena wieder zusammen gebracht worden sind, und zuletzt wie sie Bischof Reinold in deutsche Lande gen Köln geführt hat, wo sie noch heutzutage rasten.

Kapitel 1.

Von den heiligen drei Königen in Aufgang und Niedergang.

Lob, Ehre und Würdigkeit der heiligen drei Könige haben die Christenheit erfüllt vom Aufgang der Sonne bis da sie niedergeht: die Kirche im Orient ist davon geziert, daß sie die ersten waren, die aus der Heidenschaft unserm Herrn Jesu Christo ihr Opfer brachten und ihn als Gott und Mensch erkannten; die Kirche des Occidents haben sie geziert und zieren sie noch heute mit ihrem heiligen Leibe, indem sie zu Köln leibhaftig begraben liegen. Wie sie aber dahin gekommen sind, welche Werke sie begangen haben, und welches Ende sie nahmen, das ist hier zu Lande nicht allgemein bekannt; darum ist dieses Buch geschrieben zu Ehren unseres Herrn Jesu Christi und seiner lieben Mutter Maria.

Kapitel 2.

Von Balaams Weissagung.

Zuvörderst ist zu wißen, daß Balaam, der medianitische Priester, der ein Prophet der Heiden war, also weissagte: „Es geht ein Stern auf von Jacob und wird ein Mensch geboren von Israel, der soll herrschen über alle Heiden." Weil nun Balaam ein Heide war, so hielten die Heiden viel von ihm und glaubten an seine Prophezeiung. Nun wird euch wundern, daß dieser Heide die Wahrheit gesagt haben soll von Christo. Das geschah aber darum, weil Gott Zeugen haben wollte von allem Volk, also daß seine Feinde Wahrheit von ihm sprechen müsten. So wollte er auch Zeugniß haben von Kaiphas, dem Bischof der Juden, da er sprach: Es ist beßer, daß ein Mensch sterbe, als daß alle Welt verderbe. Kaiphas sprach die Wahrheit, und erkannte sie nicht, Balaam weissagte sie und war ihr Feind.

Kapitel 3.

Von dem Berge Vaus.

Als die Juden von Aegypten durch das rothe Meer in das gelobte Land gekommen waren, und Jerusalem bezwungen hatten, da lag ein hoher Berg in Indien, der hieß Vaus: auf diesem Berge gründeten Die von Indien ihre Warte, damit sie gewarnt wären, wenn die Juden, oder die Römer oder andere Völker mit Gewalt in ihr Land kämen. Wenn nun die Wächter auf dem Berge von ferne Heeresmacht anrücken sahen, so zündeten sie Feuer an, damit das Land des Nachts durch das Feuer, am Tage durch den Rauch gewarnt sei. Als nun Balaams Prophezeiung bekannt wurde, giengen die Fürsten des Landes zu Rath und kamen zu den Wächtern, die auf dem Berge des Landes hüteten, und gaben ihnen Lohnes genug, daß sie sich befohlen sein ließen, wenn sie je eines neuen Lichtes oder eines neuen Sternes am Himmel gewahr würden, ihnen den alsbald zu verkünden, denn sie hofften die Zeit noch zu erleben, da Balaams Prophezeiung erfüllt würde: „Es geht auf ein Stern."

Kapitel 4.

Von der hochgelobten Stadt Ackers.

Darnach als man zählte nach Christi Geburt 1200 Jahr, da stand die gewaltige reiche Stadt Ackers (Accon) in großen Ehren, so daß mancher reiche Fürst, Herr, Bürger und Kaufmann sich da niederließ und ihr Ruhm bis ans Ende der Welt erscholl. Da kamen die Edelsten und Gewaltigsten aus Indien in die Stadt Ackers und sahen, daß alle Dinge da köstlicher und herrlicher waren, als in ihrem Lande. Da ließen sie sich nieder und bauten eine Veste und eine königliche Wohnung, und brachten mit sich dahin Goldes und edeln Gesteines genug, und darunter eine Krone gar köstlich gemacht von Gold, Perlen und Edelgestein, und oben in der Krone stund ein Stern, und in dem Stern ein Kreuz, und der Stern war dem Sterne gleich, der den drei Königen erschien, da sie unsern Herrn Jesum suchten. Diese Krone, meinte man, sei dem König Melchior gewesen, der unserm Herrn Gold opferte. Sie hatte durch Gottes Gnade und der drei Könige Verdienste die Tugend, daß sie die Teufel austrieb, die fallende Sucht und mancherlei Krankheit heilte, denn Dem sie aufgesetzt ward, der war genesen. Diese Krone mit anderer Gezierde brachten die Tempelherrn um große Schätze an sich und hatten großen Nutzen davon. Als aber der Orden aufgehoben und die Templer vertrieben wurden, wo alsdann die Krone und andere Kostbarkeiten hinkamen, das konnte nie ein Mensch erfahren bis an den heutigen Tag: darüber war großer Jammer überall in dem Lande und in der Stadt.

Die besagten Fürsten brachten auch Bücher mit sich von India in die Stadt Ackers: darin stand in chaldäischer Zunge das Leben und die Werke der heiligen drei Könige geschrieben. Aus diesen und andern Büchern und aus dem Munde glaubwürdiger Augenzeugen ist dieses Buch zusammengebracht worden.

Kapitel 5.

Von den zwölf Sternsehern.

In den Zeiten also, da Die von Indien je länger je mehr auf die Erfüllung der Weissagung Balaams hofften und harrten, da giengen sie zu Rath und suchten in allen Landen zwölf Sternseher und weise Meister, und gaben ihnen großes Gut, daß sie auf dem Berge Vaus wachten und warteten bis der Stern aufgienge, damit sie gewahr würden, wo Der geboren werde, dem der Stern diente und der über alles Volk herrschen sollte. Auch war es so bestellt, wenn der Zwölfen Einer von Todes wegen abgienge, daß man zur Stunde einen Andern an die Stelle setzte. Auch sagt man viel Wunder von dem Berge Vaus, wie gar hoch er sei und wie den Wartthurm, der auf dem Berge steht, überall Stauden und edle Kräuter umgeben; auf der Warte aber stehet eine hohe steinerne Säule und auf der Säule ein hoher vergoldeter Stern, der sich nach dem Winde drehet, und wenn die Sonne des Tages darauf scheint und der Mond des Nachts, so sieht man ihn gar fern in dem Lande.

Kapitel 6.

Von dem Stalle zu Bethlehem.

Da nun die Zeit gekommen war, daß sich Gott erbarmen wollte über den Menschen und über den Sünder und daß sein eingeborner Sohn sollte Mensch geboren werden von Marien, der reinen Magd, da war ein Kaiser, der hieß Octavianus: der war so gewaltig, daß ihm die ganze Welt gehorsam war. Und in dem zweiundvierzigsten Jahre seines Reiches gebot er über die ganze Welt, daß Jedermann dahin gehen sollte, wo er geboren wäre, um dem Kaiser seinen Zins zu bringen: das war Ein Pfennig, und nach der Zahl der Pfennige rechnete man und ermaß die Zahl der Leute auf dem Erdreiche. Nun wohnte Joseph mit unserer lieben Frauen in der Stadt Nazareth; er war aber in Bethlehem, der Stadt Davids, geboren, wo seine Voreltern von Alters her gesessen hatten. Da wollten sie dem Kaiser gehorsam sein und ihren Pfennig bringen. Und als sie gen Bethlehem kamen, da war es auch der Zeit nahe, daß Maria ihr Kind gebären sollte, unsern lieben

Herrn. Nun waren aber zur selben Stunde und aus gleicher Ursache gar viel Leute gen Bethlehem gekommen,
und waren alle Herbergen voll; Maria und Joseph aber
kamen zu spät und konnten nirgends unterkommen, zumal die Leute wohl sahen, daß sie arm waren: darum
kehrte sich Niemand an sie. Und da Joseph alle Gaßen
durchfuhr, kam er zuletzt an einen Schoppen, der hieng an
einer Mauer und war vor alten Zeiten eine Hofstätte gewesen Jesse's, des Vaters Davids. Durch die Mauer gieng
ein Loch wie eine Thür in eine wüste Wohnung, die in langen Jahren kein Mensch betreten hatte. Da stund an der
Mauer eine kleine steinerne Krippe: da ließen sich Joseph
und Maria nieder, und Joseph band sein Eselein an die
Krippe. Vor dem Schoppen aber war Wochenmarkt, wo
man Brot, Holz, alte Kleider und allerlei feil hielt, und
die Leute, die von den Dörfern kamen, stellten ihre Esel
und Rinder unter den Schoppen. Joseph fand nun schon
ein Rind unter dem Schoppen an der Krippe stehen.
Einige Schriftsteller meinen, das Rind wäre Josephs Rind
gewesen, und er hätte es mitgebracht, um es zu verkaufen,
wenn er in Noth käme: das spricht aber dieses Buch nicht,
vielmehr sagt es, das Rind wär' eines armen Mannes gewesen, der auch diese Nacht nirgend unterkommen konnte.
In diesem armen, wüsten, engen Hüttlein ward geboren
der zarte Gottessohn, Jesus Christus, von Marien der
reinen Magd, der da ist ein Trost aller Welt. Maria fand
aber keine Stätte, wo sie ihr Kind hinlegen möchte: da
legte sie es in die Krippe vor den Esel und das Rind.

In der Krippe war ein wenig Heu: darauf lag Christus in Tüchlein gewickelt, so gut sie Maria eben haben mochte, denn sie hatte nicht gedacht, daß ihre Zeit so nahe wäre. In solcher Armut ward das Heil der Welt geboren ohne alle Schmerzen und ohne alles Weh.

Kapitel 7.

Von den Hirten auf dem Felde.

In der Nacht waren viel Hirten auf dem Felde, wo sie ihr Vieh bewachten; denen erschien der Engel Gottes und blendendes Licht umgab sie. Die Hirten erschraken gar sehr; der Engel aber sprach: Erschrecket nicht, ich verkünde euch große Freude: heut ist Christus der Heiland der Welt geboren in König Davids Stadt, und dessen zum Zeichen werdet ihr ein Kind finden in eine Krippe gelegt und in ein Tüchlein gewunden. Und zur Stunde hörten sie lauten Gesang der Engel und himmlischen Heerscharen: Gloria in ercelsis Deo, Ehre sei Gott in der Höhe und Friede den Menschen auf Erden. Bethlehem, wo dieses geschah, liegt zwei Meilen von Jerusalem und ist von Alters her weder eine große noch eine namhafte Stadt gewesen; doch hieß es Davids Stadt, weil König David da geboren worden. Und gerade in Davids Hause war Christus geboren: und die Stelle, wo die Hirten ihres Viehes hü=

teten, liegt eine halbe Meile von Bethlehem, und an der=
selben Stelle hatte David seiner Heerde gehütet, und sie
dem Rachen des Bären und Löwen entrißen. Und weil
um die Zeit, da Christus geboren ward, in der ganzen
Welt tiefer Frieden war, so konnten die Hirten mit ihren
Heerden alle Nächte des Jahrs im Freien zubringen. Um
Weihnachten aber ist im gelobten Lande das Feld grün,
und wer viel Vieh hat, der kauft eine Weide und treibt
es darauf und hütet es Tag und Nacht. So kam es, daß
auch dazumal die Hirten dort wachten und dieselbe Ge=
wohnheit ist da zu Lande noch heutiges Tages.

Kapitel 8.

Wie der Stern erschien, und in dem Stern eines Kindes Gestalt.

Als nun, wie zuvor gesagt ist, die zwölf Sternseher
von Indien allezeit wachten, wo der Stern aufgienge, von
dem Balaam gesprochen hatte, da that Gott sein Wunder
und ließ einen Stern aufgehen so klar wie die Sonne. Der
stund in den Lüften und erleuchtete alle Lande und schwebte
wie ein Adler über dem Berge und blieb stille stehen die
Nacht und den Tag und die Sonne konnte ihn nicht ver=
treiben. Dazu hatte der Stern in sich die Gestalt eines
Kindleins und das Zeichen des heiligen Kreuzes, und eine
Stimme ward gehört aus dem Stern, die sprach: „Heute
ist geboren ein König der Juden, die Erwartung der Völ=
ker, dereinst ihr Beherrscher."

Kapitel 9.

Von den drei Indien.

Dieser Stern ward in ganz Indien gesehen und alles Volk freute sich und zweifelte nicht, daß es der Stern wäre, von welchem Balaam geweissagt hatte. Nun ist aber Indien nicht ein einziges Land, sondern man muß wißen, daß es dreierlei Indien gibt, die durch hohe Berge von einander geschieden sind, so daß es gar mühsam und gefährlich ist, aus einem Lande in das andere zu kommen. Jeder der drei Könige war eines der drei Indien Herr, und als der Stern erschien, weilten sie nicht bei einander, sondern so fern geschieden, daß Keiner von dem Andern wuste. Als sie nun den Stern erblickten, und die Stimme vernahmen, die aus dem Sterne sprach, alsbald machten sie sich auf, Jeglicher in seiner Heimat, und bereiteten sich so köstlich sie mochten mit königlicher Herrlichkeit und reichen Gaben und theuerm Gewand, mit viel Gesindes, mit Kamelen, Pferden und Mäulern, und beeilten sich den neuen König und das neugeborne Kind anzubeten und zu ehren, nicht als einen Menschen, sondern als einen Gott. Auch sorgten sie für Bett, Hausrath und Speise, denn sie versahen sich, lang unterwegs zu sein, ehe sie den neugebornen König fänden.

Kapitel 10.

Von dem Königreich Nubien.

Das erste Indien war das Königreich Nubien, welches zu den Zeiten, da Christus geboren ward, König Melchior besaß, der unserm Herrn Jesu Christo Gold opferte. Zu Nubien gehört Arabien, worin der Berg Sinai liegt; auch grenzt es an das rothe Meer. Von Syrien und Aegypten schifft man leicht nach Indien durch das rothe Meer; aber christlichen Kaufleuten gestattet es der Sultan nicht, damit dem Priester Johann, der ein Herr ist über Indien, von den Christenkönigen Briefe und Botschaft nicht überbracht werden können, sich wider ihn zu verbinden und seine Macht zu brechen. Geistliche Leute, Pilger und Mönche, die gen Indien wollen, müßen einen gar langen, verdrießlichen Weg durch das Königreich Persien fahren. Das Landvolk aber, dem man gestattet, über das rothe Meer aus einem Lande ins andere zu fahren, die sprechen, das rothe Meer sei auf seinem Grunde so roth, daß es wie rother Wein scheine; doch sei das Waßer an sich selbst wie anderes Waßer, obwohl gesalzen; dabei sei es so lauter und klar, daß man Steine und Fische auf dem Grunde sehe. Es ist wohl vier Meilen breit, gleichwohl kamen die Juden hinüber trockenen Fußes, als ihnen König Pharao nachfolgte und sie erschlagen wollte. Aus dem rothen Meer kommt ein Waßer, das heißt Nilus und fließt durch Aegyptenland

gen Babylon und Alexandria: auf diesem Fluß bringt man
reichen Kaufmannsschatz aus Indien nach dem Abendland.
In Arabien ist alles Erdreich durchaus roth, und was in
dem Lande wächst, Stein und Holz, das ist alles roth, und
das Gold, das man da gräbt, ist röthlicher Farbe. Auf dem
Berge Sinai ist eine Ader, daraus man Smaragden ge-
winnt, aber des Sultans Diener hüten sein wohl. Das
Land war vor Zeiten Priester Johanns, nun hat es
meistens der Sultan, doch ist es dem Priester Johannes
zinsbar.

Kapitel 11.

Von Balthasars Königreich.

Das andere Indien heißt Godolia, darin zu jenen Zeiten König Balthasar herrschte, der unserm Herrn Weihrauch opferte. In diesem Königreich liegt ein Land mit
Namen Saba, darin mancherlei Würze wächst, mehr denn
in andern Landen, und besonders wächst dort der allerbeste
Weihrauch und läuft aus den Bäumen.

Kapitel 12.

Von Caspars Königreich.

Im dritten Indien liegt das Königreich Tharsis, welches zu den Zeiten dem König Caspar diente, der unserm Herrn Weihrauch opferte. In diesem Lande liegt die berühmte Insel Eyrisculla: da ist der h. Zwölfbote St. Thomas begraben. Auf dieser Insel wachset Mirrhe mehr als in andern Landen. Sie wächst aber in Gestalt verbrannter Aehren und wenn sie zeitig wird, so ist sie weich, und wer dann durch das Feld geht, dem hängt sie sich an die Kleider: Alsdann zieht man Seiler und Schnüre durch das Kraut, denen hängt sie sich an und wird dann wie weiches Wachs davon abgezogen.

Wiewohl nun die heiligen drei Könige größere Lande hatten, so wollte es doch Gott fügen, daß sie von den Landen benannt wurden, wo das Opfer wuchs, das ein Jeglicher unserm Herrn brachte. Daher spricht der Prophet in dem Psalter: Reges Tharsis et insulae munera offerent, Reges Arabum et Sabae dona adducent. Also geschweigt man der großen Reiche, die sie hatten und nennt sie nach den kleinen.

Kapitel 13.

Wie die drei Könige in dreizehn Tagen das Ziel erreichten.

Wie also die heiligen drei Könige sich mit großer Herr=
lichkeit bereitet hatten, wie zuvor geschrieben steht, und
Jeglicher aus seiner Gegend zog, da wuste Keiner von
dem Andern, und der Stern gieng vor ihnen her allen
Dreien vor dem einen wie vor dem andern, und wenn sie
still hielten, so hielt auch der Stern still. In der Nacht schien
er nicht wie der Mond, sondern wie die Sonne, und weil
zu der Zeit in aller Welt Friede war, so standen in der
Nacht alle Städte offen, und wo die Könige Nachts hin=
kamen, da wähnten die Leute, es wäre Tag und liefen
aus den Städten und sahen das Wunder und wusten nicht
wer sie wären, wohin sie wollten oder von wannen sie kämen;
und wenn es dann rechter Tag ward, so lief das Volk zu
Felde und sah die Fußstapfen und die Hufschläge und
sprachen und frugen einander, was das bedeute. Und ob
auch in den Landen viel Sümpfe und Wildniße sind, so
daß es schwer ist, aus einem Lande ins andere zu kommen,
so füget' es doch der allmächtige Gott, daß sie das Alles
nicht irrte und die Wege trocken und gangbar waren.
Sie ruhten nicht, sie schliefen nicht, sie aßen nicht, sie
tranken nicht, sie kamen auch in keine Herberge, sie selbst
noch all ihr Gesinde, ihr Vieh, Mäuler und Pferde, so
lang bis sie kamen gen Bethlehem und ihr Opfer, ihren
Dienst, ihr Gebet vollbrachten; da tranken, aßen und

schliefen sie erst, wie hernach geschrieben steht. Dabei bedeuchte sie, es wäre alles nur Ein Tag, und also führte sie der Stern durch göttliche Kraft in dreizehn Tagen gar nahe ans Ziel. Eines Morgens früh bei Sonnenaufgang kamen sie zusammen, und fanden Marien noch in dem armen Häuslein und Jesum in der Krippe. Wem dieß unmöglich dünkt, der lese Daniel den Propheten, in dem geschrieben steht, wie der Engel Gottes den Propheten Habakuk in der Juden Land nahm, als er den Schnittern auf dem Felde das Eßen tragen sollte, und führte ihn in einer Stunde gen Babylonia zu Daniel, der da gefangen lag, und gab ihm die Kost zu eßen, die die Schnitter sollten gegeßen haben, und nahm dann Habakuk wieder bei den Haaren, und brachte ihn auf die Stätte, wo er ihn gefunden hatte. Das geschah in einer kleinen Stunde, und sind doch zwischen Judäa und Babylonien mehr denn hundert Meilen, zu Waßer und zu Land. Der allmächtige Gott, der das im alten Bunde that, mochte wohl auch im neuen Bunde die drei Könige von Indien nach Judäa ohne Hinderniß in dreizehn Tagen führen.

Kapitel 14.

Wie die drei Könige zu Herodes kamen.

Als nun die drei Könige Jeglicher seinen Weg daher zog, bis auf zwei Meilen vor Jerusalem, da kam ein

starker dichter Nebel und überfiel sie und bedeckte sie und
alles Land umher, und in dem Nebel verloren sie den
Stern. Nun trug es sich zu, daß König Melchior an den
Berg Calvariä kam, wo nachmals unser Herr Jesus Christus
gemartert ward, und dazumal wurden dort die Missethäter
gerichtet. Da blieb König Melchior mit den Seinen und
zog nicht fürbaß, denn der Nebel ward immer dichter und
dichter. Zur selben Stunde kam auch König Balthasar
von Saba und Godolia mit seinem Heergesinde eines andern
Wegs und lagerte sich am Oelberg bei dem Dörflein
Galilea, das oft im Evangelio genannt wird, weil da
unser Herr seinen Jüngern nach dem Tode mehrmals
erschien. Noch wird eines andern Galilea gedacht, das ist
ein Land und liegt drei Tagereisen von Jerusalem. Als
nun die zwei Könige vor den besagten Bergen stille
standen, da hob sich der Nebel gemach empor; aber der
Stern erschien nicht. Und als der Nebel schwand, da zogen
sie beide fürbaß und noch wuste Keiner von dem Andern.
Indem kam auch König Caspar von Tharsis mit seinem
Volk auf der dritten Straße, und stieß an den Berg
Calvariä und als der Nebel vollends verschwunden war,
da kamen die drei Herren dicht vor Jerusalem zusammen
und ein Heergesinde sieng an mit dem andern zu sprechen
und zu fragen, was sie suchten. Und als sie gewahr wurden, daß sie alle drei aus gleicher Ursache gekommen waren,
da wurden sie gar froh und ritten zusammen und um-
halsten und küßten einander und wurden nun noch eifriger
und heißer zu suchen als zuvor, und ritten also zusammen

gen Jerusalem. Und als sie der Stadt nahe waren, da
freuten sie sich und hofften, sie sollten den neuen König
in der Hauptstadt finden. Ihres Gesindes war aber so
viel, daß ein Theil vor der Stadt bleiben muste und vor
ihr hielt, als ob sie Jerusalem zu belagern gedächten. Da
erschrak König Herodes, und alle Die zu Jerusalem waren.
Als sie nun fragten, wo ihr Herr der König des Landes
wäre, da erschraken sie noch mehr, denn sie fürchteten
Krieg und Zerstörung im Lande. Darum spricht das
Evangelium gar deutlich: Als Jesus geboren ward zu
Bethlehem in König Herodes Zeiten, da kamen die Könige

D. H. 3 Könige. 2

des Orients gen Jerusalem, und fragten wo des Landes
König wäre. Darüber erschrak König Herodes, und Die
von Jerusalem. Die Könige sprachen: Wir haben gesehen
seinen Stern im Orient, und sind gekommen mit unsern
Gaben und wollen ihn anbeten. König Herodes sandte
in die Stadt nach den Aeltesten und Weisesten und fragte
sie, wo Christus sollte geboren werden. Da sprachen sie:
zu Bethlehem in Juda, denn also spricht der Prophet:
Du bist nicht die mindeste unter den Fürsten Judä, denn
in dir wird geboren werden der Herzog, der mein Volk
regieren soll. Da rief Herodes die Könige heimlich beiseite
und erkundete von ihnen die Zeit, da der Stern ihnen
erschienen war, und wies sie darauf gen Bethlehem. Der
Stern aber, den sie im Orient gesehen hatten, der gieng
wieder vor ihnen her, bis er an die Stätte kam, wo das
Kind war: da stand er stille in den Lüften.

Kapitel 15.

Wie der Stern über der Hütte stille stand.

Als die heiligen drei Könige von den Juden unterwie=
sen wurden, wo ihr König sollte geboren werden, und
darauf mit ihrem Gesind gen Betlehem zogen und der
Stern wieder vor ihnen hergieng, da kamen sie an die
Stätte, wo der Engel den Hirten in der Christnacht
erschienen war. Da fanden sie die Hirten, und die Hirten
sagten ihnen, wie die Engel Gottes zu ihnen gesprochen

hätten in der Christnacht, und von dem Licht, das sie um=
schien, und wie sie das Kind gesehen hätten. Das hörten
die Herren gar gern und behielten auch die Worte wohl,
beschenkten auch die Hirten reichlich und ritten fröhlich
weiter und kamen gen Bethlehem. Da hielten sie stille
und legten ihr stattlich Gewand an und bereiteten sich,
daß sie Königen gleich sahen. Als sie nun an die Straße
kamen, an deren Ende die geringe Hütte lag, da blieb der
Stern stehen und gieng nicht weiter, sondern senkte sich
herab mit solchem Glanze, daß die ganze Hütte, und Alle,
die darinnen waren, von dem Schein erleuchtet wurden.
Dann stieg er wieder in die Höhe, stund unbeweglich und
sein stralender Glanz verblieb in der Hütte.

Kapitel 16.

Wie die drei Könige opferten.

An dem Tage, da die drei Könige dem Kinde das
Opfer brachten, da war Jesus ein Kind von dreizehn
Tagen und lag in der Krippe in geringe Tücher gewun=
den. Maria, seine Mutter, war voll von Gestalt und
bräunlich von Angesicht und mit einem blauen schlechten
Mantel bekleidet. Die drei Könige aber waren herrlich
gekleidet, und Melchior der König von Nubien und Ara=
bien, der dem Kinde Gold opferte, war von Gestalt der
kleinste, Balthasar der König von Saba, der ihm Weih=
rauch opferte, war der mittelste, und Caspar, der König

2*

von Tharſis, der ihm Mirrhen darbrachte, war der gröſte
von Geſtalt und war ein Mohr. Des nehmt nicht Wunder,
denn es iſt geweiſſagt durch den Propheten in dem Pſal-
ter: Coram illo procedunt Aethiopes. Auch ſoll man
wißen, je näher die Leute dem Aufgang der Sonne woh-
nen, je kleiner ſind ſie; aber Kräuter, Würmer und Thiere
ſind viel hitziger und ſtärker als hier zu Lande; daſſelbe
gilt auch von dem Gevögel, es ſei wild oder zahm.

Kapitel 17.

Wie ſie ihrer Schätze vergaßen.

Auch iſt zu wißen, daß die drei Könige große Schätze
und köſtliche Kleider mit ſich führten aus ihren Landen,
denn alle Gezierde, die der große Alexander nach ſeinem
Tode hinterließ, und was die Königin von Saba dem
König Salomon brachte, und Alles was König Salomon
Gott zu Ehren machen ließ, das war Alles den drei
Königen heimgefallen, denn ihre Vorältern hatten den
Tempel zu Jeruſalem zerſtört, und nun führten es die
drei Könige bei ſich und meinten, ſie wollten es dem
neuen Könige verehren. Als ſie aber in das arme Hüttlein kamen, da Jeſus lag, da war darin ſo unausſprechlich
große Klarheit, daß ſie ſtunden wie in einer Gluth, und
wuſten nicht vor Schrecken woran ſie waren. Alſo griffen
ſie geſchwinde in ihre Säcke und was Jeglichem zuerſt in

die Hände kam, das opferten sie und vergaßen aller Herr=
lichkeit, die sie mit sich brachten. Melchior opferte dreißig
goldene Pfennige, und einen goldenen Apfel, wie es ihm

in die Hände fiel; Balthasar opferte Weihrauch, Caspar
Mirrhen, und was die liebe Maria zu ihnen sprach, das
vergaßen sie allzumal, daß sie nichts behielten, als daß sie
jeglichem Könige gar demüthiglich neigte und sprach:
Gedanket sei Gott.

Der goldene Apfel, den König Melchior opferte mit
den dreißig goldenen Pfennigen, war des großen Königs
Alexander gewesen, und er hatte ihn so gefüge machen

laßen, daß er ihn mit einer Hand umgreifen konnte.
Denn Alexander hatte die ganze Welt bezwungen und
hielt sie in seiner Hand, und dessen zur Urkunde hatte er
den Apfel machen laßen, weil die Welt rund ist, und
meinte, daß er der Welt so gewaltig wäre als des Apfels.
Und da der Apfel dem Kind in die Hand gegeben ward,
da ward er zu Asche, zum Zeichen, daß alle irdische Gewalt vor Gott eitel ist und in Staub zerfällt.

Kapitel 18.

Wie die drei Könige heimkehrten.

Als nun die Herrn ihr Opfer löblich vollbracht hatten,
da bereitete man die Kost für sie und ihr Gesinde, und
als sie gegeßen hatten, da legten sie sich nieder mit ihren
Dienern und schliefen den Tag und die Nacht, und in der
Nacht erschien ihnen der Engel Gottes im Schlaf und
warnte sie, daß sie nicht zurück zögen zu Herodes. Das
beschloßen sie gemeinsam zu thun, und fuhren einen andern
Weg heim in ihr Land, und auf dem Wege brachten sie
zwei Jahre zu, ehe sie nach Hause kamen; auch musten
sie unterwegs in Herbergen einkehren, eßen, trinken und
schlafen, Alles nach menschlicher Weise, denn der Stern
schien ihnen nicht mehr. Wo sie aber Nachtruhe hielten,
da sagten sie dem Volke des Landes, wie Alles mit ihnen
ergangen wäre, und also ward ihre Ausfahrt und Wieder=
kunft bekannt und offenbar durch alle Lande, daß es nie

konnte vergeßen noch vertilgt werden, obwohl es dem
König Herodes und den Juden sehr zuwider war. Und
obwohl sie zwei Jahre unterwegs waren, ehe sie die Heimat erreichten, doch gebrach ihnen nichts von alledem,
was sie unterwegs bedurften, denn sie hatten große Vor-
räthe mit sich von Haus geführt und kamen gesund miteinander zu dem Berge Vaus, wo der Stern zuerst erschienen war.

Kapitel 19.

Wie sie Herodes verfolgte und ihre Schiffe verbrannte.

Da nun Herodes vernahm, daß die Könige heimgezo-
gen wären, da ward er gar zornig, und bereitete sich mit
großer Macht und jagte ihnen nach, und wo sie hinkamen,
da sagte das Landvolk Gutes von den Königen und ihrem
Gesind, und wie reich sie gewesen: das betrübte Herodem
und die Seinen gar sehr. Da kam er an eine Stadt, wo
die Könige über das Waßer geschifft waren; da rächte sich
Herodes an den Einwohnern und verbrannte ihre Schiffe
und zerstörte das Land. Und als Herodes mit den Seinen
heimkam und die rechte Mär erst erfuhr, wie die Heiden
in dreizehen Tagen gegen den natürlichen Lauf der Dinge
die Reise vollbracht, das konnte ihn nicht genug verwun-
dern und ward nun noch zorniger über sie denn zuvor.
Da sprachen die Juden, die drei Könige wären Zauberer
gewesen, sie hätten solches durch die schwarze Kunst zu-

wege gebracht; Andere nannten sie Sternseher, weil es
durch die Kraft des Sternes geschehen war, und so kam
die Gewohnheit auf, daß man sie Magos nannte, das
bedeutet Zauberer und Sternseher.

Kapitel 20.

Wie sie die Kapelle bauten auf dem Berge Vaus.

Als nun die Herrn nach zweijähriger Reise nach dem
Berge Vaus kamen, ließen sie sich da nieder mit ihrem
Volk und bauten eine herrliche Kapelle auf den Gipfel
des Bergs, zu Lob und Ehren des jungen Königs, den
sie gesucht und gefunden hatten. Und in der Stadt Stulla,
die am Fuße des Berges lag, ruhten sie aus von den
Beschwerden der Reise und wählten ein gemeinsam Begräbniß, wenn sie stürben, daß sie alle drei beieinander
lägen. Auch gelobten sie, alle Jahr einmal dahin zu
kommen mit großem Gefolge, und wenn das geschah,
empfiengen sie die Vornehmsten des Landes mit großer
Pracht, und ritten ihnen entgegen und lobten Gott, daß
er so großes Wunder mit ihnen gewirkt hatte. Das predigten auch die Könige in allen Landen, wohin sie kamen,
und so geschah es, daß viele Heiden in ihren Tempeln
einen Stern aufrichteten, darin das Bild eines Kindes
stand; auch giengen sie alle Jahr zu der Kapelle auf dem
Berge Vaus und brachten ihr Opfer. Den Stern mit des
Kindes Gestalt richteten auch die drei Könige auf in allen

ihren Landen, und thaten sich der Welt immer mehr ab, und wurden demüthig und lebten gar göttlich bis auf die Zeit, daß Christus wieder gen Himmel fuhr.

———

Kapitel 21.

Wie Maria in eine andere Hütte floh.

Als die drei Könige zu Bethlehem unserm Herrn ihr Opfer gebracht hatten, da entstand bald nachher zu Jerusalem großer Lärm von der Geburt des Kindes und den drei Königen und den Hirten auf dem Feld, und Herodes und die Juden verdroß es gar sehr. Maria und Joseph wurden des wohl inne und stunden auf und flohen aus ihrer armseligen Hütte in eine andere Armut: da blieben sie, bis Maria das Kind in den Tempel trug, und wurden geliebt von Mann und Weib und mit Allem, was sie hatten, gepflegt, und wohl verhohlen, daß die Gewaltigen sie nicht fänden. In der Eil aber und dem Schrecken, womit Maria ihre erste Hütte verließ, vergaß sie der Tüchlein, darein das Kind zuerst gewunden ward; auch vergaß Maria ihres Hemdes: dieß blieb also liegen in der Krippen und in dem Heu, bis auf die Zeit, da die ehrwürdige Frau Helena, Kaiser Constantins Mutter, dahin kam und es so frisch und ganz da fand wie des ersten Tages; denn die Juden hatten die Hütte, darin Christus geboren ward, aus Haß verrufen und verbannt, daß Niemand hinein

gehen durfte und also stand sie mehr denn zweihundert
Jahr wüst und verfallen. Das Hemd und die Tücher aber
fand Helena unversehrt, wie es wohl billig ist, daß es nicht
faulte, der Würdigkeit des reinen Leibes willen, den es
berührt hatte. Wo aber unsere liebe Frau zuletzt verblieb,
bis sie ihr Kind in den Tempel brachte, da baute die
ehrwürdige Frau Helena hernach, als der Christen Glau=
ben aufgieng und zunahm, eine schöne Kapelle zu Ehren
der heiligen drei Könige und St. Nicolaus. Durch diese
Kapelle gieng lange Zeit eine öffentliche Straße, denn sie
hatte zwei Thüren, davon nun eine zugemauert ist. Da
sieht man noch den Stein, darauf unsere liebe Frau saß
und ihr Kind säugte. Und eines Tages geschah es von
Ungefähr, daß dem Kind ihre Brust entschlüpfte und ein
Tropfen Milch auf den Stein fiel. Der Milch Farbe sieht
man noch heute auf dem Stein, und Niemand kann sie
abschaben.

Kapitel 22.

Wie Maria und Joseph nach Aegypten flohen.

Da nun die Zeit gekommen war, daß man das Kind
am vierzigsten Tage zur Kirche tragen sollte, da nahmen
es Maria und Joseph, giengen gen Jerusalem, opferten,
und waren dem Gebot Mosis gehorsam. Simeon, der
alte Prophet, nahm das Kind auf seinen Arm und sprach:
Nunc dimittas servum tuum domine. Nun laß o Herr

deinen Knecht in Frieden fahren. Der alte Simeon war
manches Jahr blind gewesen und ward zur Stunde sehend.
Auch war da eine alte ehrbare Wittwe, die hieß Anna,
die verkündete viel Seligkeit von dem Kinde. Nun waren die ältesten und weisesten Juden gegenwärtig, als
diese Prophezeiungen von Simeon und Anna geschahen.
Also ward es in Jerusalem ruchbar und kam vor Herodes.
Da konnte sich Maria mit ihrem Kinde nicht länger ver-
bergen. Eines Nachts erschien der Engel des Herrn dem
h. Joseph im Schlaf und sprach: Steh auf, und nimm
das Kind und die Mutter, und flieh gen Aegyptenland:
da bleibe bis ich dich anders bescheide; denn Herodes wird
das Kind suchen laßen, um es zu tödten. Da stund
Joseph auf in der Nacht, nahm das Kind und die liebe
Mutter mit sich, und floh gen Aegypten. Also muste Maria bei Nacht aus dem Lande. Wie es nun unserer Frau
unterwegs ergangen, das steht geschrieben in einem Büchlein, das heißt: Unseres Herren Kindheit.

Kapitel 23.

Von den Rosen von Jericho.

Von Jerusalem bis an den Ort in Aegyptenland, wo
sich Maria niederließ, sind zwölf Tagereisen, und an der
Straße, die Maria fuhr von Bethlehem bis nach Aegypten
und wieder zurück, da wachsen jetzt eitel dürre Rosen,
die heißen die Rosen von Jericho, und anders findet man

fie nirgenb. Diefe Rofen gebrauchen die Frauen der
Sarazenen gern, wenn fie in Kindesnöthen find. Die
Hirten, die Nachts auf dem Felde ihres Viehes hüten,
brechen die Rofen ab und geben fie den Pilgern und Kauf=
leuten, und alfo kommen fie weit und breit in die Welt,
und ftiften das Gedächtniß diefer Flucht nach Aegypten.

Kapitel 24.

Wie der Balfam gewonnen wird.

Dort blieb nun Maria fieben Jahre lang, und wohnte
bei den Städten Neubabylon und Kairo, wo nun des
Sultans Wohnung ift. Diefe Städte liegen dicht bei=

einander und sind siebenmal so groß als Paris. An der
Stätte aber, wo Maria wohnte, da ist jetzt ein Balsamgar-
ten. Der Garten ist nicht groß, doch sind sieben Brunnen
darin, in welchen Maria dem Kind seine Windeln wusch.
Der Balsam wächst auf Stengeln, nicht höher als eine
Elle, die Stauden sind wie Rosenbüsche und die Blätter
wie Klee, und jegliche Staude hat ihren Hüter, der muß
ein Christ sein, und muß sie bewahren und hüten wie
seinen eigenen Leib, und rein halten und begießen. Im
Merz kommt dann der Sultan selber und wartet des
Gartens, und schneidet das Holz, wie man die Reben
schneidet. Die Schnitte werden mit Seide bewickelt und
ein silbernes Fläschchen daran gehängt: darein träuft der
Balsam durch die Seide. Wenn es dann aufhört zu triefen,
so nimmt der Sultan den Balsam und bewahrt ihn, und
wenn die Könige und Fürsten zu dem Sultan senden um
Balsam, so giebt er ihnen ein Gläschen von Fingersgröße.
Wenn aber der Sultan hinweggeht, so nimmt der Hüter
das abgeschnittene Holz der Staude, die ihm befohlen ist,
und siedet es in einem reinen Geschirre ab, und was
dann aus dem Holze kommt, das schwimmt oben wie ein
Oel. Und dieser Balsam ist dick und sieht aus wie junger
Most. Und wo ein Mensch gequetscht und gefallen ist,
oder sonst verletzt, und man brächte dieses Balsams an
die Stelle, sogleich wäre er heil und gesund, denn jede
Wunde, die damit bestrichen wird, schließt sich sogleich und
vergeht. Diesen Balsam verkaufen die Hüter der Stauden
an die Pilger, welche ihn dann in alle Welt verbreiten.

Er ist aber dem ersten nicht zu vergleichen, der von selber aus den Stauden träuft, denn wenn man dessen ein Tröpflein in die Hand läßt fallen, so bringt es durch die Hand, und schwitzt auf der andern Seite wieder heraus; und die Stelle, durch die der Balsam gegangen ist, fault nimmermehr. Dieser Balsam heißt der rohe, der andere wird der gesottene genannt. Es ist aber der gemeine Glaube des Morgenlands, daß der Balsam dadurch entstanden sei, daß in diesem Garten Maria ihrem Kinde die Tüchlein gewaschen und an den Stauden zum Trocknen aufgehangen habe, und dessen zum Wahrzeichen dürfen nur Christenleute des Gartens hüten und hat man es oft versucht, wenn man andern Leuten den Garten empfahl zu bauen und zu warten, daß die Stauden verdorrten und verdarben, und erst als man die Christen zurückrief, wieder ausschlugen.

Kapitel 25.

Von den dreißig Pfennigen, die König Melchior opferte.

Von den dreißig Gulden, die der König Melchior unserm Herrn opferte, findet man seltsame Dinge geschrieben. Diese Pfennige waren von Gold, und ließ sie schlagen Nimis, ein König von Mesopotamien, und Der sie schlug war Than, Abrahams Vater. Sie wurden Abraham zu Theil; wie aber, das ist nicht bekannt. Als nun Abraham aus seiner Heimat gieng, wie ihm Gott gebot, da brachte er die dreißig Pfennige mit sich gen Ebron und kaufte da-

mit einen Acker zu einem Begräbniſſe für ſich und ſeine
Hausfrau Sara und ihre Kinder. Mit denſelben Pfennigen
kaufte Potiphar, König Pharaos Kämmerer, den Joſeph,
Jakobs Sohn, von Joſephs Brüdern, die auch Jakobs Söhne
waren. Dieſelben dreißig Pfennige führten dann die Brüder wieder nach Aegypten und kauften dafür Getreide. Als
aber Jakob, der Vater der zwölf Brüder, ſtarb, da ſandte
ſie Joſeph gen Saba um Salbe zu kaufen, womit ſie den
Leichnam ihres Vaters ſalbten und begruben. Darnach
nahm die Königin von Saba die dreißig Pfennige mit
anderer köſtlicher Gezierde und ſchenkte ſie dem König Salomon. Als aber Salomon ſtarb und Jeruſalem zerſtört
ward, da wurden ſie dem König von Arabien zu Theil, der
ein Bundesgenoße des Königs von Aegypten war, und der
legte ſie in den königlichen Schatz. Nun war König Melchior
der Erbe des Königs von Arabien, und ſo kamen ſie vom
einem an den andern, und zuletzt opferte ſie König Melchior
unſerm Herrn Jeſu Chriſto, wie zuvor geſchrieben ſteht.

Kapitel 26.

Was mit den dreißig Pfennigen weiter geſchah.

Als nun Maria mit ihrem Kind nach Aegyptenland
fliehen muſte, da knüpfte ſie die dreißig Pfennige mit dem
Weihrauch und den Mirrhen in ein Tüchlein und verlor
es in der Wüſte; und ein Hirte, der in der Wüſte ſein Vieh
hütete, fand den Schatz und behielt ihn bis auf die Zeit,

da unser Herr in Judäa predigte und Wunder that. Nun
geschah es, daß einst dieser Hirt krank ward, und der Krankheit nicht los zu werden wuste, da hörte er sagen, daß ein
Mann wäre in der Juden Land, der heilte die Siechen
ohne alle Arznei: da machte sich der Hirte auf und ge-
dachte an seinen Schatz, den er vor langer Zeit gefunden.
Den nahm er mit und kam nach Judäa und fand unsern
Herrn Jesum Christum und bat ihn um seine Gnade, daß
er ihm hülfe. Unser lieber Herr Jesus, der nie eine Bitte
versaget, half dem armen Mann und machte ihn gesund.
Als er sich genesen fühlte, da zog er die dreißig Pfennige
mit dem Weihrauch und den Mirrhen hervor und bot sie
unserm Herrn zum Dank seiner Gnade. Unser Herr Jesus
wußte wohl, wo der Schatz her war, und gebot dem Hirten,
was er in den Händen hätte auf dem Altar im Tempel zu
opfern. Der Priester, der des Altars pflag, nahm die dreißig
Pfennige und warf sie in den Stock; den Weihrauch brannte
er, wenn man sein bedurfte, und die Mirrhen behielt er
auch. Von diesen Mirrhen ward ein bitterer Trank gemacht,
den man Christo unserm Herrn zu trinken bot, als er an dem
Kreuze hing und sprach: Mich dürstet; den übrigen Theil
der Mirrhen nahm Nicodemus und gab ihn zu dem Be-
gräbnisse Jesu. Die dreißig Pfennige aber wurden Judas
gegeben, daß er Christum verrieth; hernach aber gereute
ihn seines Verraths, da warf er sie in den Tempel, den
Juden zu Füßen und erhing sich. Die Pfennige wurden aufgehoben und zur Hälfte den Kriegsmännern gegeben, die das Grab Jesu bewachten; mit den andern fünf-

zehn ward ein Acker zum Begräbniß der armen Pilger ge=
kauft. Dieser Acker liegt nahe bei Jerusalem und ist nicht
länger noch breiter als ein Steinwurf. Das aber soll Nie=
mand Wunder nehmen noch irren, daß diese Pfennige im
Evangelium Silberlinge heißen, denn sie waren vom rein=
sten arabischen Golde; aber die Schrift nennt alle Mün=
zen Silberlinge. Diese Pfennige wurden nie geschieden bis
auf das Letzte, was sich mit ihnen begeben sollte. Da wurden
sie geschieden und zerstreut. Und jeder dieser Pfennige gilt
drei Gülden an Werth und Gewicht, und auf der einen Seite
stand eines Königs Haupt mit Lorbern bekränzt, auf der an=
dern chaldäische Buchstaben, die jetzt Niemand lesen könnte.

Kapitel 27.

Wie Maria und Joseph nach Nazareth zogen.

Als nun unsre Frau sieben Jahr in Ägypten gewesen
und Herodes gestorben war, da sprach der Engel zu Jo=
seph: Steh auf, nimm das Kind und seine Mutter und
fahr aus Egypten wieder in der Juden Land, denn Die das
Kind suchten, um es zu martern, sind todt. Joseph that, wie
ihm der Engel gebot, und kam in der Juden Land. Als er
aber hörte, daß des Herodes Sohn an seines Vaters Statt
herrsche, da fürchtete er sich, gen Jerusalem zu gehen und
zog in eine kleine Stadt mit Namen Nazareth. Da ward
Jesus vollends erzogen von seiner Mutter. Wie es hernach
ergieng, bis er zu Himmel fuhr, das sagen die Evangelien.

Kapitel 28.

Von dem h. Thomas dem Zwölfboten.

Als nun die heiligen zwölf Boten ausgesandt wurden von Christo zu predigen in aller Welt, da muſte St. Thomas gen Indien, wiewohl ihm das ſchwer fiel. Nun hatten die Indier zu jener Zeit ſchon gute Lehren empfangen: Die heiligen drei Könige, die unſers Herrn Kindheit geſehen hatten, predigten und verkündigten ſeine Geburt in allen Landen und Städten; auch waren die Apoſtel Bartholomäus, Simon und Judas dahin geſandt worden. Das ſoll Niemand wundern, daß dieſe alle in Indien das Evangelium predigten, denn wie vorher geſagt iſt, der Indien ſind drei, eins größer und breiter als das andere und das kleinſte größer als die ganze Welt dieſſeits des Meeres. Alſo kam der heilige Thomas in der drei Könige Land und predigte da den heiligen Chriſtenglauben, heilte die Kranken, erweckte die Todten, trieb Teufel aus und bekehrte die Heiden und zerſtörte die Tempel der Abgötter. Nun geſchah es aber, daß er in den heidniſchen Kirchen einen Stein aufgerichtet ſah mit einem Stern darauf, und in den Stern war ein Kind und darüber ein Kreuz gehauen, wie es die heiligen drei Könige geſehen hatten und in der ganzen Heidenſchaft aufrichten ließen. Da fragte St. Thomas die heidniſchen Prieſter, was für ein Zeichen das ſei und was es bedeute? Da ſagten ihm die Prieſter von

den drei Königen, und wie es von Anfang bis zu Ende
mit ihnen ergangen sei, wie ihnen der Stern erschienen
auf dem Berge Vaus, und wie sie in dreizehn Tagen gen
Bethlehem kamen und das Kind fanden, und kaum in zwei
Jahren wieder heim kommen konnten und was sie mehr
von den heiligen drei Königen gehört hatten. Als das
St. Thomas vernahm, da ward er unmaßen froh und ward
hernach inbrünstiger, zu predigen, denn zuvor, und hub
nun an und sagte den Priestern von unsers Herrn Emp=
fängniß, Geburt, Kindheit, Wandel, Marter, Tod, Auf=
erstehung und Himmelfahrt, und wie er ihm in seine Wun=
den gegriffen hatte; und die Gaben der heiligen drei Kö=

3*

nige legte er aus in geiftlichem Sinn und alle Tempel der
Heiden, die dem Teufel gebaut waren, weihte er zu Ehren
des Kindes, das ihre Könige gefucht und angebetet hat=
ten. Alfo erfcholl der Ruf von St. Thomas, feiner Lehre
und den großen Wundern; die er mit göttlicher Kraft wirkte,
weit und breit in den Landen, bis es vor die drei Könige kam.

Kapitel 29.

Wie St. Thomas die heiligen drei Könige fand.

Da nun St. Thomas von den drei Königen vernom=
men hatte, und fie auch von ihm, da begehrte er von Her=
zen, daß er die drei Könige lebendig fände; desgleichen
wünfchten auch fie, den heiligen Thomas zu fehen, daß er
ihnen fagte, wie es um das Kind ftünde, das fie fo ferne
gefucht hatten. Darum bereitete fich Jeglicher der drei
Könige in feinem Land, den heiligen Thomas zu fehen,
und obwohl fie nun alt und gebrechlich waren, doch mach=
ten fie fich auf mit großem Gefolge von Fürften und
Herren, zogen dem heiligen Thomas entgegen und emp=
fiengen ihn mit großer Würdigkeit. St. Thomas empfieng
auch fie wiederum feierlich und demüthig. Darnach pre=
digte und fagte ihnen St. Thomas, wie alle Dinge mit
unferm Herrn Chrifto ergangen wären von Anfang bis zu
Ende und taufte fie mit allem ihrem Volke. Da wurden
fie mit den Gnaden des heiligen Geiftes erfüllt und halfen
nun St. Thomas das göttliche Wort verkündigen, und

predigten Christenglauben so eifrig und würdig als der heil. Thomas selbst. Und was die Könige predigten, das erläuterte St. Thomas aus der heiligen Schrift und den Propheten; und was Thomas von des Herrn Leben, Auferstehung, und Marter verkündigte, das bestätigten und erhärteten sie mit seiner heiligen Kindheit, die sie mit eigenen Augen gesehen hatten.

Darauf fuhren die drei Könige mit dem heil. Thomas und mit allem Volk nach dem Berge Vaus, und die Kapelle, die auf dem Berge stund, weihte St. Thomas zur Ehre unseres Herrn Jesu Christi, zu großer Freude des Volks. Von da an pilgerten die Leute von nah und fern nach dem Berge Vaus, und der Zulauf wuchs von Jahr zu Jahr, und die Stadt, die unter dem Berge lag, nahm so zu, daß nun in ganz Indien keine vornehmere Stadt gefunden wird. Und in dieser Stadt war die Wohnung des Priesters Johannes, der nun Herr ist in Indien, und des heiligen Thomas, des Patriarchen von Indien.

Kapitel 30.

Wie St. Thomas gemartert ward.

Als nun der heilige Thomas alles Volk zu Gott bekehrt und die drei Könige getauft hatte, da machte er sie auch zu Priestern. Denn sie hatten keine Frauen, und die Sage meldet, daß sie alle drei reine Jünglinge waren und blieben bis an ihren Tod. Sie waren auch die ersten von

den Heiden, die den Glauben empfiengen und dem wahren
Gott opferten. Auch weihte St. Thomas in allen Landen
Priester und Bischöfe und lehrte sie, wie sie Messe halten
sollten, taufen und das Paternoster und den Glauben
sprechen; auch gab er den Priestern mit Hülfe der drei Könige Land und Gülten, weihte den Tempel der Abgötter
zur christlichen Kirche, zerstörte die Götzenaltäre und that
viele Wunder durch den Glauben an Christum. Darum
empfieng er auch bald darauf die Märtyrerkrone. Und
in dem Lande, wo er gemartert ward, da haben die Leute
Häupter wie die Hunde, nur daß sie nicht rauh und be-
haart sind, denn in Indien sind mancherlei wunderliche
Menschen.

Kapitel 31.

Von Thomas dem Patriarchen von Indien.

Als nun St. Thomas gestorben war, da beschickten
die drei Könige alle Priester und Bischöfe, die St. Thomas mit ihrem Rathe geweiht hatte, und dazu alle Fürsten
und Herren in ihrem Lande, und giengen mit ihnen einhel-
lig zu Rath, wie sie für sich und ihre Nachkommen einen
würdigen Mann wählen möchten, der in geistlichen Sachen
ihr Herr und Vater wäre. Dieser sollte Thomas heißen
nach dem heiligen Zwölfboten, und wenn er stürbe, sollten
sie einen andern wählen mit gleichem Namen und die Gewohnheit sollte bleiben bis ans Ende der Welt. Nun war

da ein ehrwürdiger Mann mit dem Namen Jacobus An=
tiochus, der war dem heiligen Thomas nachgezogen in das
Land Indien: Den erwählten sie gemeinsam und setzten
ihn zum Patriarchen an St. Thomas Statt, verwandelten
ihm den Namen und hießen ihn auch Thomas, wie sie
noch heutigen Tages alle heißen, die in Indien Patriarchen
sind. Also gehorchen Die von Indien dem Thomas in
geistlichen Sachen, wie wir hier zu Lande dem Pabst zu Rom.

Kapitel 32.

Von dem Priester Johannes.

Als das vollbracht war, da giengen die heiligen drei
Könige, da keiner Kinder noch Erben hatte, zu Rath mit
allen Fürsten und Herrn und erwählten aus ihrer Mitte
einen edeln und festen Mann, der nach ihrem Tode in allen
ihren Landen und Reichen ein Herr sein sollte in weltlichen
Dingen ewiglich; und wenn Jemand Muthwillen üben
wollte und unrechte Bischöfe und Priester setzen und den
Glauben Christi, der neulich aufgekommen, stören und un=
terdrücken, das sollte dieser Herr wehren und all ihre Herr=
schaften erben. Und dieser Beschirmer in geistlichen Din=
gen sollte nicht König oder Kaiser heißen, sondern aus
rechter Demuth Priester Johannes genannt werden. Denn
unter der Sonne ist nichts würdigeres als die Priester:
Gott hat ihnen Gewalt gegeben zu binden und zu lösen
und seinen heiligen Leichnam zu weihen und empor zu he=

ben: Das Amt befahl Christus seiner Mutter nie, noch einem Engel: darum wohl Könige und Kaiser ihnen neigen. Johannes aber sollte er heißen, denn Johannes der Zwölfbote war unserm Herrn der liebste Jünger und war auch Priester, und Johannes der Täufer taufte unsern Herrn, und nach unserer lieben Frau war nie ein Mensch geboren über Johannes. Und all dieser Würdigkeit des Namens Johannes wegen sollte er Priester Johannes heißen und sollte auch dem Namen gleich leben in Tugend, Heiligkeit und Würdigkeit, und Die von Indien sollten ihm gehorsam sein in allen weltlichen Sachen.

Kapitel 33.

Wie die heiligen drei Könige starben.

Als nun die heiligen drei Könige alle Dinge wohl bestellt und Land und Leute versorgt hatten, da blieben sie bei einander in der Stadt Stulla, die unter dem Berge Vaus liegt und lebten darnach nicht mehr zwei Jahre. Eines Tags, nicht lange vor Weihnachten, erschien über der Stadt ein schöner Stern, der nie zuvor gesehen worden. Die drei Könige verstanden wohl, daß ihr Ende nahte, und Gott sie zu sich heben wollte in das ewige Leben, und ließen ein schönes Grab machen wie sie des wohl würdig waren. Und als sie das Weihnachtsfest schön und löblich begangen, darnach auf den achten Tag, da König Melchior Messe gehalten, da starb er und war hundert und sechzehn Jahre alt. Da nahmen die zwei andern Könige seinen Leichnam und bestatteten ihn mit großen Ehren zur Erde. Darnach am fünften Tage, am Erscheinungsfeste des Herrn, als Balthasar der König von Saba Messe gehalten, da starb er am zwölften Tage und war hundert und zwölf Jahre alt. Da ward er von dem überlebenden Könige neben Melchior in dasselbe Grab bestattet. Sieben Tage nachher starb auch Caspar, der dritte König, nachdem er Messe gehalten, und war hundert und neun Jahr alt. Da ward auch er von dem Volke mit großen Ehren bestattet, und als er ins Grab gesenkt ward, da rückten die beiden ersten von einander und ließen

ihren Gesellen zwischen sich liegen. Da sahen Alle, die
gegenwärtig waren, wie die Herrn einander lieb gehabt
in Leben, so sollten sie nun auch im Tode nicht geschieden
werden. Der Stern aber, der vor ihrem Tode erschienen
war, blieb unbeweglich über der Stelle stehen, bis sie
hinweggeführt wurden, wie hernach gesagt wird.

Kapitel 34.

Wie sie nach dem Tode Wunder wirkten.

Als die heiligen drei Könige aus diesem Elend zu
Gott gefahren waren, da hatte Gott, der sie hienieden
lieb gehabt, sie im ewigen Leben noch lieber, und ehrte
sie nach ihrem Tode damit, daß Alt und Jung, Männer
und Frauen, mit welcherlei Sucht sie behaftet waren,
und wo sie auch weilten, fern oder nah, zu Waßer oder
zu Lande, wenn sie die heiligen drei Könige anriefen,
Gott ihnen half, zu Ehren der Könige. Also kam es, daß
man sie besuchte von fernen Landen, und immer bestätig=
ten sie den Christenglauben, den sie im Leben gelehrt
hatten, nach dem Tode durch Zeichen und Wunder.
So blieb auch ihr Leib und das priesterliche Gewand,
darin sie begraben lagen so frisch, als ob sie lebten und
schliefen, nicht als ob sie todt wären.

Kapitel 35.

Wie die drei Könige geschieden wurden.

Darnach über lange Zeit, da säete der böse Geist seinen Samen unter Die von Indien, daß sie an dem christlichen Glauben irr und unter sich mißhellig wurden, und mancherlei Spaltungen und Ketzereien entstanden. Da minderte sich auch der Zulauf des Volks zu der drei Könige Grab, und die Stadt Stulla nahm gar sehr ab, und der drei Könige Leichen wurden bleich und aschgrau wie andere Todten, und ihr priesterlich Gewand zerfiel und ward zu Staub. Die Fürsten und Herrn von der drei Könige Geschlecht, die sich in der Stadt Stulla niedergelaßen hatten, wurden auch unter sich uneins im Glauben: Da gieng ein jeglich Geschlecht und nahm seinen König und führte ihn heim in sein Land. Da begrub jegliches Volk seinen Herrn mit großen Ehren in der fürnehmsten Stadt des Königsreichs. Also waren sie lange geschieden.

Kapitel 36.

Wie die heilige Helena Kirchen baute.

Als aber die Zeit kam, daß der allmächtige Gott das Böse scheiden wollte von dem Guten, wie die Spreu von

dem Waizen, um die Zeit da man zählte von Gottes Ge=
burt mehr denn dreihundert Jahr, als der gewaltige
Kaiser Constantin durch St. Silvester den Pabst aus
heidnischem Glauben zu christlichem Glauben bekehrt und
zugleich durch die Taufe von seinem unreinen Aussatz
geheilt ward, durch welche Taufe der christliche Glaube
sehr gestärkt wurde: Zu derselben Zeit wohnte die ehr=
würdige Frau Helena, des Kaisers Mutter, in dem Land
Judäa jenseits des Meeres. Die hielt viel von der Juden
Glauben und wenig von den Christen: Darum war ihr
nicht lieb, daß der Kaiser Christ geworden und schrieb ihm
einen Brief, und schalt ihn darum. Und der Sohn schrieb
wieder und rechtfertigte sich, und also fügte es Gott, daß
die ehrwürdige Helena auch Christin ward. So sehr sie
nun die Juden zuvor gelobt hatte, so sehr begann sie nun
sie zu tadeln und fieng nun an, die Stätten aufzusuchen,
wo unser Herr Jesus gewesen war, wo er geboren und
gemartert ward, und so sehr sie diese Stätten mit den
Juden früher gehaßt hatte, so sehr begann sie nun sie zu
ehren mit den Christen. Zu dieser Zeit hub sie an gar
eifrig zu fragen nach dem heiligen Kreuz und den Nägeln
unseres Herrn Jesu Christi und zwang die Juden, daß
sie es weisen musten, und als sie es fand und auch die
Nägel, da baute sie eine schöne große Kirche über der
Stätte, wo Christus den Tod litt und wo er begraben
ward, und wo er Maria Magdalenen erschien. Diese Kirche
begriff jene Stätten all unter Einem Dach. So thät sie
auch an andern Stätten, wo unser Herr Christus gewan=

delt war, da baute sie auch Kirchen, Klöster und Kapellen und gab ihnen Gutes genug, und bestellte sie mit Mönchen, Pfaffen und Bischöfen. An der Stätte aber, wo der Engel den Hirten erschien, wie zuvor geschrieben steht, da baute sie eine schöne Kirche, die heißt Gloria in excelsis, und wie man hier die sieben Zeiten anhebt mit **Deum adjutorium meum intende**, so hebt man dort noch heutiges Tages die Zeiten an mit **Gloria in excelsis**.

Kapitel 37.

Wie St Helena das Hemd und die Tücher fand.

Da nun die Sachen vollbracht waren, da kam die ehrwürdige Helena gen Bethlehem in das arme Hüttlein, darin unser lieber Herr geboren ward: das war lange verstopft und wüste gewesen, daß weder Mensch noch Vieh hinein gedurft hatte. Da kam sie an die Krippe, darin Der zumal Gott und Mensch gelegen, und fand das Heu und die Tücher und unserer Frauen Hemd, das sie vergeßen hatte, als sie vor Furcht eilends aus dem Hüttlein geflohen war. Das brachte sie mit sich gen Konstantinopel und Alles war noch so frisch und ganz als des ersten Tages. Da verwahrte sie es Alles mit großer Würdigkeit in St. Sophien Kirche, und da blieb es liegen bis zu König Karls Zeiten, als er nach Griechenland kam und den Christen half, daß ihnen Land und Städte wieder zu eigen wurden. Da gaben sie ihm das Hemd und die Tüchlein; die

brachte derselbe Christenmann König Karolus mit sich gen
Achen, wo man es noch heutzutage vorweist in unserer
Frauen Münster, das derselbe Karl gestiftet.

Kapitel 38.

Von unsers Herrn Stallfrau.

Die ehrwürdige Frau Helena baute auch ein herrliches
Münster an die Stelle, wo Christus geboren ward, nur
daß es nicht gewölbt ist, sondern mit Balken und Blei
gedeckt. Und von dem Chor geht man gerade hinab in
einen schlechten Keller, wo Christus, unser Herr und Gott,
geboren ward, und bei dem Altar steht noch die steinerne
Krippe, darin Christus lag vor dem Esel und dem Rind,
und die drei Könige ihn anbeteten. In diesem Keller
wohnten auch St. Hieronymus und die edle römische
Wittwe Paula mit ihrer Tochter Eustachia und sind da
begraben. In der Kirche stehen siebenzig marmelsteinene
Säulen, die das Gebäude tragen, auch ist sie inwendig und
auswendig außermaßen reich geschmückt. Und wie die
Kirche, setzte Helena einen Erzbischof und viele Domherrn,
die bei allen Messen, auch bei Seelmessen, das Gloria in
eccelsis sangen: Die Juden aber hießen aus Haß die ehrwürdige Helena eine Stallfrau, weil sie solche herrliche
Kirche über dem Stall, wo Christus geboren ward, ge=

gründet. Darum zeigt man in der Kirche noch jetzt in der
Christnacht eine Tafel, worauf der heil. Hieronymus, der in
der Kirche begraben liegt, aus eigener Hand geschrieben
hat: die ehrwürdige Helena ist eine gute Stallfrau gewesen,
welche die Krippe unseres Herrn so getreulich aufgesucht und
herrlich geschmückt hat. An der Stelle aber, wo die heiligen drei Könige vor dem Kinde Jesus knieten und es anbeteten, da steht an dem Tage der Erscheinung des Herrn,
d. i. dem Tag der heil. drei Könige, ein großer vergoldeter
Stern, und wird mit Schnüren von einem Ort der Kirche
zum andern geleitet, zum Gedächtniß wie dieser Stern
die heil. drei Könige geführt und gewiesen hat.

Kapitel 39.

Von dem Berge Thabor.

Da nun die ehrwürdige Frau Helena die Kirche vollbracht hatte, da kam sie gen Nazareth, wo Christus erzogen ward. Diese Stadt ist sehr lustig gelegen in einem
grünen Wiesenthal, und ist nicht ummauert, weil ihre
Häuser zerstreut umher liegen. In dieser Stadt baute die
ehrwürdige Helena eine wonnigliche Kirche und stiftete
ein Bisthum dabei mit Domherren und gab ihnen Gülten
genug. In dieser Kirche ist die Kammer begriffen, darin
unsre liebe Frau in ihrem Gebete war, als ihr Gabriel die
Botschaft verkündete, wie sie den Gottessohn empfangen
sollte. In der Kammer steht eine Säule, an der der Engel

stand, als er zu der Magd sprach und sich vor ihr neigte.
Des Engels Bild ist in die Säule gedrückt, wie ein Sie=
gel in Wachs. Und wenn Abends die Sonne zu Rüste
geht und das Bild erglänzt, so ist es um die Zeit, da Ga=
briel unserer Frauen die Botschaft verkündete. Als die
Christen das gelobte Land besaßen, stellten sie Diener an,
die musten, wenn die Sonne das Bild berührte, ein Glöck=
lein läuten, das an der Säule hieng, und wer den Schall
hörte, der kniete nieder und sprach drei Ave Maria, und
davon ist die Sitte gekommen, daß man des Abends Ave
Maria läutet zu Ehren der Jungfrau. Und vor der Thüre
der Kammer ist ein fließender Brunnen, daraus die Jung=
frau öfters Wasser schöpfte und bei dem Brunnen sprach
ihr der Engel zu und tröstete sie. Aus diesem Brunnen
füllten die Pilger ihre Flaschen und trugen sie mit sich
nach Hause, und mancher steifer und gebrechlicher Mensch
ist davon genesen. Die Saracenen wollten den Brunnen
zuwerfen; aber jemehr sie ihn zuwarfen, je stärker quoll
und floß er. Unweit Nazareth liegt ein hoher Berg, der
heißt Thabor: dahin führte unser Herr die Zwölfboten
Petrus, Jacob und Johannes, als er ihnen seine göttliche
Klarheit zeigte. Auf diesen Berg baute die ehrwürdige
Helena ein schönes Kloster mit Mauern und Thürmen
wie eine Burg, und darin sind Mönche des Ordens St.
Benedicti und auf St. Sirtustag feiert man mit neuem
Wein das Fest der Verklärung, und alle Kirchen des
Orients begehen diesen Tag als ihre Kirchweih und stecken
Fahnen aus und schmücken sich mit großer Zierde. Dieser

Berg Thabor liegt vier Tagreisen von Jerusalem und zwischen dem Berg und der Stadt wandelte unser Herr mit seinen Jüngern lehrend, predigend und heilend auf und ab.

Kapitel 40.

Wie St. Helena die Gebeine zweier Könige gewann.

Als nun die ehrwürdige Kaiserin Helena dieß Alles vollbracht, und so manche schöne Kirche gebaut und mit Priestern und Bischöfen bestellt, auch das heilige Kreuz gefunden hatte, da begann sie gar inbrünstig zu denken an die heiligen drei Könige, und fuhr hin und wieder, auf und ab durch die Lande, wie denn all die Welt zu den Zeiten dem römischen Reich unterthan war. Also kam sie mit großem Gefolge gen India, und da sie fand, daß die Völker von dem Glauben gefallen waren, den St. Thomas und die heiligen drei Könige gelehrt hatten, da warf sie die Abgötter nieder und richtete ein Zeichen des heiligen Geistes auf, stiftete Klöster, Bisthümer und Pfarren, und stärkte in allen Landen die Christen gar sehr. Darüber war das Volk sehr froh, und die Herren des Landes kamen zu der Frauen und freuten sich mit ihr, daß sie das heilige Kreuz gefunden und alle die Stätten, die unser Herr gewandelt, mit köstlichen Gebäuden geziert hatte. Dieß war den Heiden und einem Theil der Juden sehr zuwider; jedoch ward sie von dem Volk gemeinlich beschieben, wo die drei Könige begraben lägen, wie sie gelebt hätten und gestorben wären, und von all den Dingen, von denen dieß Büchlein bisher gesagt hat. Da ward die ehrwürdige Frau Helena noch ernster und eifriger als zuvor; und Gott sah ihre Begierde an und that ihr Gnade, daß sie die heiligen drei Könige fand. Da alle Lande dem römischen Reich unterthan waren, so erwarb sie es bei den Landesherren, und sonderlich bei dem Priester Johannes, daß ihr zu Ehren und ihrem Sohne Constantin zu Liebe, der ein römischer Kaiser war, die Leichname der beiden Könige, Melchior und Balthasar, ihr ausgehändigt wurden. Aber den dritten König Caspar hatten die Nestoriner, das waren irrgläubige Ketzer, auf die Insel Egrysculla geführt, und hielten ihn in einem festen Schloße, das auf der Insel lag, wohl bewahrt, so daß ihn Niemand weder mit Bitten noch Drohen gewinnen konnte, denn sie sprachen, sie wollten eher sterben, als sich ihren Herrn nehmen laßen.

Kapitel 41.

Wie St. Helena den Leichnam des h. Thomas für den des dritten Königs hingab.

Die ehrwürdige Helena mochte nicht dulden, daß die Könige geschieden waren, und sandte edle Fürsten und Herrn zu den Gewaltigen des Landes, daß ihr der dritte König auch zu Theil würde. Auch brachte sie es endlich

dahin, daß sie den Leichnam des heil. Thomas, des Zwölf=
boten, erwarb, und zwar gab sie den Nestorinern den
Leichnam des heil. Thomas für den des Königs Caspar,
daß sie die Könige doch zusammen brächte. Und der Leich=
nam des heil. Thomas war den Nestorinern schon zwei=
mal genommen worden und ward ihnen jetzt aus rechter
Ursache wieder gegeben. Es ist auch eine gemeine Sage in
der Insel und in dem Lande, daß auch der Leichnam des
h. Thomas den Nestorinern noch dereinst zum drittenmal
genommen und nach Köln gebracht werden solle, wo er
dann bei den heiligen drei Königen ruhen werde bis an
den jüngsten Tag.

Kapitel 42.

Wie die h. drei Könige nach Constantinopel kamen.

Als nun die ehrwürdige Helena den dritten König
Caspar zu den beiden andern brachte, ward die ganze Ge=
gend erfüllt mit einem so unaussprechlich edeln Geruch,
daß es Niemand sattsam bewundern konnte. Darauf nahm
die edle Kaiserin Helena die drei Könige und fuhr mit
ihnen in die edle Hauptstadt Griechenlands, die da Con=
stantinopel heißt, weil sie der Kaiser Constantin erbaut
hatte, dessen Mutter die ehrwürdige Helena war. Und als
sie mit den h. drei Königen dahin kam, da ward sie von
allem Volk schön und ehrenvoll empfangen. In der Stadt
steht ein schönes Münster, das zu St. Sophien heißt, und

4*

so groß sein soll, als auf der Welt eins stehen möge, so
daß der größten Schiffe eins, die auf dem Meere gehen,
sich darin mit allen Segeln und Mastbäumen um und um
kehren und wenden möge. In der Kirche steht manche
marmelsteinene Säule, die der Kaiser allein empor gerich=
tet mit einem kleinen Kinde und der Hülfe Gottes. In der
Kirche ist unseres Herrn ungenähter Rock und der drei
Nägel einer, womit Christus ans Kreuz genagelt ward,
und viel anderes ehrwürdiges Heiligthum, worauf die
Griechen nicht viel halten. Darin war auch die Dornen=
krone, mit der Christus gekrönt ward: die ist jetzt zu Paris
in der Capelle des Königs von Frankreich. Es geschah auf

eine Zeit, daß der Kaiser der Griechen große Noth und
viel Schaden litt von Tartaren und Saracenen. Da bat
er den heiligen Ludwig, den König von Frankreich, daß er
ihm zu Hülfe käme. Der König Ludwig half ihm also,
daß ihm Land und Leute wieder wurden: da gab der Kaiser dem König Ludwig die Krone für seine Hülfe. Also
ward sie am nächsten Tag nach St. Laurentii gen Paris
geführt. Des wurden die Franzosen sehr froh und die
Griechen traurig; und noch hoffen die Griechen, die Krone
solle ihnen eines Tages wieder zu Theil werden. In St.
Sophien Münster zu Constantinopel steht eine kleine,
marmelsteinene Säule, darauf steht des Kaisers Bild auf
einem ehernen Rosse wohl verguldet, und neben der
Säule begrub die ehrwürdige Helena die drei Könige mit
großer Pracht und Schönheit. Da strömte alles Volk von
nah und fern herzu und geschahen große Wunder und
Zeichen, nicht allein an denen, die dahin kamen, auch an
denen, die sie daheim anriefen. Also blieb dieß manches Jahr.
Als darnach Kaiser Constantin und seine werthe Mutter
starben, da gieng das Unkraut wieder auf und ward die
Heidenschaft wieder grün, und wurden der Christen viel
erschlagen und gemartert. Da war ein Kaiser, der hieß
Julianus, der war ein Christ; als er aber gewaltig ward,
trat er von dem Glauben und that den Christen mehr Bö-
ses, als wär er nie Christ gewesen. In dieser Betrübniß,
lagen die heiligen drei Könige ohne alle Ehre, so daß
Niemand Acht auf sie hatte. Darum gewannen die Sarazenen und Türken die Oberhand und bedrohten Griechenland.

Kapitel 43.

Wie die heiligen drei Könige nach Mailand kamen.

In dieser Zeit war ein Kaiser zu Rom, der hieß Mauricius: der half Denen von Constantinopel mit Hülfe Derer von Mailand. Nun findet man geschrieben, daß der Kaiser einen gelehrten Mann, Namens Eustorgius, mit einer Botschaft gen Mailand sendete. Der war gar ein weiser Mann und von Griechenland geboren, dem Kaiser gar heimlich und sein gar gewaltig. Diesen Eustorgius koren Die von Mailand zu einem Bischofe. Da erwarb er bei dem Kaiser durch seinen weisen Rath und nützlichen Dienst, daß er ihm die drei Könige gab. Also brachte der vorgenannte Bischof Eustorgius die drei Könige gen Mailand in eine Kirche, wo auch Gott viel Wunder und Zeichen that um ihretwillen.

Kapitel 44.

Wie die h. drei Könige nach Köln gebracht wurden.

Darauf im Jahre, da man zählte tausend einhundert und dreiundsechzig, da setzten sich Die von Mailand wider Kaiser Friedrich den Rothbart. Da gieng der Kaiser zu Rath und legte sich vor die Stadt Mailand mit manchem stolzen Ritter, und meinte, er wollte die Stadt brechen. Da nahmen die Fürnehmsten der Stadt die Leichname der

drei Könige und verbargen sie an einer heimlichen Stätte.
Nun war ein Bischof von Köln, der hieß Reinold, der
war des Kaisers getreuer Diener. Gott fügte es, daß die
Stadt gewonnen ward: da legte sich der Bischof von
Köln vor einen Palast, der gehörte einem Herrn, dem der
Kaiser vor allen gram war. Der Bischof gewann den
Palast und zog hinein: da kam der Herr des Palastes
heimlich zu dem Bischof und bat ihn, daß er ihm, wenn
es sein möchte, eine Sühne machte gegen den Kaiser, und
ihm seine Gnade wieder erwürbe: dafür wollte er ihm hel=
fen, daß er die heiligen drei Könige gewänne. Der Bischof
versprach das zu thun und hielt es ihm auch, brachte den
Herrn also wieder in des Kaisers Gnade. Da zeigte der
Herr dem Bischof von Köln, wo die drei Könige lagen.
Der hub sie auf mit seinen getreuen Dienern und führte
sie gen Köln. Als das geschehen war, bat erst der Bischof
den Kaiser um die drei Könige. Das gewährte ihm der Kai=
ser und gab sie ihm. Und als der Bischof heim kam, ließ
er die drei Könige mit großen Ehren in seinen Dom le=
gen: da liegen sie noch heutiges Tages beisammen, denn
da sie sich im Leben geliebt hatten, so wollte Gott nicht,
daß sie sich schieden, oder sollten geschieden werden weder
im Leben noch im Tode.

Der Dom freilich, in welchen Bischof Philipp von Heins=
berg, des Bischof Reinold Nachfolger, die Gebeine der h.
drei Könige niederlegte, war der alte zu Karls des Gro=
ßen und Bischof Hildebolds Zeiten erbaute, der um die
Mitte des dreizehnten Jahrhunderts verbrannte. Die von

Köln freuten sich höchlich der Ueberkunft der heiligen drei
Könige, betrachteten sie fortan als Hort ihrer Stadt, und
setzten die drei Kronen in ihr Wappen. Auch wirkte der
allgewaltige Gott viel Zeichen und Wunder um ihretwil=
len bis auf den heutigen Tag, und ward aus fernen Lan=
den zu ihnen gewallfahrtet von Fürsten und Edeln und

von allem Volk, und so überschwenglich große Opfer gege=
ben, daß es kein Maaß noch Ziel hätte. Von allen Landen
kam großmächtig Gut, daß die Kirche von Köln dadurch
bereichert ward zu ewigen Tagen. Und als der alte Dom
verbrannte, da vermeinte Bischof Konrad, sein Schatz wär
unerschöpflich und begann den Bau des neuen Doms, in

dem nun die heiligen drei Könige raften und ruhen follen
bis an den jüngften Tag. Und an diefem Dom wird jetzt
nach fechshundert Jahren mit neuem Eifer fortgebaut.

Kapitel 45.

Was die Indier von Köln und den heil. drei Königen zu erzählen
wißen.

In dem Lande Indien und im ganzen Orient finhet
man gefchrieben in Büchern und hört fagen viel wunder=
licher Dinge von den drei Königen in Köln, davon man
hier zu Lande nicht weiß. So heißt es, daß der Stern,
der vor dem Tode der heil. drei Könige über der Stadt
Stulla ftand, die unter dem Berge Vaus liegt, noch heu=
tiges Tages unbeweglich über Köln ftehe. So lieft man
auch, daß zu Köln vor dem Sarge der heiligen drei Kö=
nige ein fchöner goldener Sterne ftehe, jenem Sterne gleich,
der den heiligen drei Königen in der Chriftnacht erfchien
und fie geleitete, und der überleuchte alle Lichter, die in
der Kirche brennen möchten. Auch fprechen fie, daß die
rechten Arme der heiligen drei Könige zu Köln mit koft=
baren Steinen reichlich befetzt feien, und in des einen
Königs Hand fei Gold, in des andern Weihrauch, in des
dritten Mirrhe, und wenn man diefe Arme bei hohen Fe=
ften Pilgrimen zeige, fo reibe man die heiligen Gebeine
mit Gold oder mit Silber, und davon fpüre man köftlichen

Geruch über alle Würzen. Auch steht geschrieben, wenn die Stadt Köln eine Betrübniß bedrohte, so nähme ein Priester unsers Herrn Frohnleichnam, und drei andere Priester, mit goldenen Kronen auf dem Haupt, jeder einem Arm der heiligen drei Könige, und ließen einen goldnen Stern, der dazu gemacht wäre, vor sich hertragen, und so machten sie eine Procession um die Stadt, mit Gesang und großer Schönheit, bis sie in eine Kirche kämen, die dazu erwählt wäre: alsdann setzten sie das Sacrament mit der drei Könige Arm auf den Altar, und so es dann Zeit würde, giengen die drei gekrönten Priester an den Altar, und nähme Jeglicher einen Arm und opferte dem Sacrament Einer nach dem Andern, in des einen Hand Gold, in des andern Weihrauch, in des dritten Myrrhen, und so vergäße unser Herr seines Zorns und lösete die Stadt Köln aus ihrer Betrübniß. Ferner sagen Die von Indien, sie hätten in ihrer Stadt noch die Reliquien von Barlaam und Josaphat und andern Heiligen königlichen Stammes; auch wär das Grab der heil. drei Könige, darin sie zuerst geruht, daselbst noch unversehrt und würde aus fernen Landen von Pilgrimen besucht und verehrt. Auch findet man, daß die Indier, die gen Jerusalem kommen, des Handels wegen oder zu dem heil. Grabe, von den Pilgern aus unserm Lande Fingerringe kaufen, welche die Gebeine der heil. drei Könige berührt haben. Diese Ringe halten die Indier gar hoch und küssen sie oft gar andächtig und sagen, daß viele Kranke schon davon gesund geworden. Auch trifft man in Jerusalem zuweilen Pilger

aus unsern Landen, die Kleinode und mancherlei Geräthe
bei sich führen, als Ringlein, Spiegel, Rosenkränze und
Säckel, und sagen, sie hätten sie aus Köln mitgebracht;
auch zeigen sie Erde vom Kirchhof der eilftausend Jung=
frauen zu Köln: dieß Geräthe und auch die Erde kaufen
die Indier und andere Morgenländer gar eifrig auf, und
sprechen, sie müsten an etlichen Enden viel leiden vom
Geschrei der Frösche und von andern Würmern: wenn
aber die Erde in den Sumpf geworfen würde, da ließen
sich die Frösche hernach nicht mehr hören. Auch begehren
viele Indier, die gen Jerusalem kommen, daß man sie hin=
überfahre gen Köln; nur fürchten sie die Kälte; gleich=
wohl machen sich doch Viele auf den Weg, müßen aber
unterwegs sterben oder umkehren, denn die Indier sind
daheim keiner Kälte gewohnt: sobald sie nur aus ihrem
Lande kommen, klagen sie schon über Frost, und ziehen
Pelze an aus den Fellen der edelsten Thiere; die reichen
ihnen bis über die Knöchel. Die Indier sind kleine Leute
und braun von Gesicht, aber klug und sinnig in vielen
Dingen. Wenn sie zu Jerusalem sind und etwas hören
sagen von Köln und von den heiligen drei Königen, das
schreiben sie sogleich nieder unter ihres Herrn Insiegel,
daß sie es dem Priester Johannes können sagen, wenn sie
heim kommen. Darnach scheint es wohl, daß die drei Kö=
nige in großen Ehren gehalten werden im ganzen Orient.

Kapitel 46.

Schluß.

Darum freue dich, Köln, ehrenreiche Stadt! Gott hat dir seinen großen Schatz gesandt, mit dem er so manches Wunder begangen hat: freue dich, daß er Dich vor allen Städten der Welt zum Sarge der heiligen drei Könige bestimmt und auserwählt hat. Darum sollst du nicht aufhören Gott zu danken und die heiligen drei Könige zu ehren und zu loben, daß du würdig gefunden bist so großer Wohlthat.

NACHWORT

von Günter E. Th. Bezzenberger

Die Geschichte eines Buches

Zu den mittelalterlichen Handschriften, die am frühesten lateinisch und dann auch in deutscher Übersetzung gedruckt wurden, gehört die Legende von den Heiligen Drei Königen des Johannes von Hildesheim. Die Buchdrucker versprachen sich zweifellos einen guten Verkauf dieses Werkes, das schon durch viele Handschriften in verschiedenen Sprachen bekannt war.

Der erzählende Stil des Buches macht deutlich, daß es von vornherein für eine breitere Leserschaft bestimmt war. Jedoch kann man es nicht, wie der Germanist und Dichter Karl Simrock (1802–1876) meinte, als ein „Volksbuch" im eigentlichen Sinne bezeichnen, auch nicht nach Erfindung der Buchdruckerkunst. Die frühen Drucke erreichten ebenso wie die Handschriften immer nur einen kleinen, ausgewählten Kreis, denn Bücher waren damals sehr teuer und stellten einen kostbaren Besitz dar. Gewiß aber enthielten die sogenannten „Volksbücher"

Erzählungen und Geschichten, die im Volk mündlich weitergegeben wurden und weit verbreitet waren. Erst in den folgenden Jahrhunderten wurden auf billigem Papier Schriften für das Volk gedruckt. Goethe erzählt davon im ersten Buch von „Dichtung und Wahrheit":

„Der Verlag oder vielmehr die Fabrik jener Bücher, welche in der folgenden Zeit unter dem Titel ‚Volkschriften', ‚Volksbücher', bekannt und sogar berühmt geworden, war in Frankfurt selbst, und sie wurden, wegen des großen Abgangs, mit stehenden Lettern auf das schrecklichste Löschpapier fast unleserlich gedruckt. Wir Kinder hatten also das Glück, diese schätzbaren Überreste der Mittelzeit* auf einem Tischchen vor der Haustüre eines Büchertrödlers täglich zu finden und sie uns für ein paar Kreuzer anzuzeigen. Der Eulenspiegel, die vier Haimonskinder, die schöne Melusine, der Kaiser Oktavian, die schöne Magelone, Fortunatus, mit der ganzen Sippschaft bis auf den ewigen Juden, alles stand uns zu Diensten, sobald uns gelüstete, nach diesen Werken anstatt nach irgendeiner Näscherei zu greifen".

In der Romantik entdeckte man den literarischen Wert dieser zunächst oft geschmähten Volksbücher. Besonders setzte sich für sie der Physikprofessor

---

* gemeint ist das Mittelalter

Die Sternkundigen auf dem Berge Vaus sehen den erwarteten Stern

Die Könige schenken dem Jesuskind ihre Gaben

Joseph Görres ein. Parallel zu der Märchensammlung der Brüder Grimm und der Volksliedersammlung, die Achim von Arnim und Clemens Brentano unter dem Titel „Des Knaben Wunderhorn" veröffentlicht haben, kam es zur Sammlung von Volksbüchern. Der Dichter Gustav Schwab (1792–1850) und der bereits genannte Karl Simrock gaben die ersten Bände in Druck. Simrock nahm in seine Sammlung auch die Legende von den Heiligen Drei Königen auf, die Johann Wolfgang von Goethe wiederentdeckt hatte.

Im Herbst 1819 hielt sich Goethe für einige Wochen in Jena auf und ließ sich aus der Stadtbibliothek alte Manuskripte kommen. Darunter befand sich auch eine Handschrift der Legende von den Heiligen Drei Königen, die ihn besonders fesselte. Am 22. Oktober 1819 berichtete er darüber seinem Freund Sulpiz Boisserée (1783 – 1854), der als Kunstforscher und -sammler tätig war:

„Mag es sein, daß die Überraschung dieses Fundes mich dafür einnimmt oder weil es an die Reise von Montevilla* sogleich erinnert; Geschichte, Überlieferung, Mögliches, Unwahrscheinliches, Fabelhaftes mit Natürlichem, Wahrscheinlichem, Wirklichem bis zur letzten und individuellsten Schilderung zusam-

---

* Goethe bezieht sich auf die phantastische Beschreibung der Reise des englischen Ritters John of Montevilla nach Palästina, Indien und Persien aus dem Jahre 1320.

mengeschmolzen, entwaffnet wie ein Märchen alle Kritik. Genug, ich meine nicht, daß irgend etwas Anmutigeres und Zierlicheres dieser Art mir in die Hände gekommen wäre. Weder Pfaffentum noch Philisterei, noch Beschränktheit ist zu spüren, die Art, wie der Verfasser sich Glauben zu verschaffen sucht und dann doch auf eine mäßige Weise das Zutrauen seiner Hörer mißbraucht, ohne daß man ihn geradezu für einen Schelm halten kann, ist allerliebst; genug, ich wüßte kein Volksbuch, neben dem dieses Büchlein nicht stehen könnte".

Auf Goethes Anregung hin gab Gustav Schwab im Jahre 1822 die Legende in deutscher Übersetzung heraus „aus einer von Goethe mitgeteilten lateinischen Handschrift und einer deutschen der Heidelberger Bibliothek bearbeitet und mit zwölf Romanzen begleitet".

Zwanzig Jahre später veröffentlichte Karl Simrock die Legende zum Besten des Kölner Dombaus, um dessen Vollendung sich u. a. Sulpiz Boisserée besonders verdient gemacht hat. Die vorliegende Faksimileausgabe gibt diesen inzwischen äußerst selten gewordenen Einzeldruck nach dem Exemplar der Bayerischen Staatsbibliothek München wieder. Simrock raffte den Text der Legende und verzichtete auf manche ausführlicheren Beschreibungen und Ausmalungen, die sich in der Urfassung finden. In den nachfolgenden Ausführungen zur Verfasserschaft und Entstehung des Buches wird auf einige Hinweise

Bezug genommen, die sich nicht im Simrockschen Text finden und ihn somit ergänzen. Die Ausgabe von 1842 enthält Illustrationen von W. Völker im romantischen Stil des 19. Jahrhunderts. Simrock kannte auch die Holzschnitte des ersten deutschen Druckes, der 1480 bei Johannes Prüß in Straßburg erschien. Aber sie galten dem Zeitgeschmack als zu derb. Einige Beispiele der kräftigen spätmittelalterlichen Illustration sind diesem Nachwort beigegeben.

Auch in unserem Jahrhundert hat das Buch von den Heiligen Drei Königen manche Beachtung gefunden. 1925 erschien ein Nachdruck der Übersetzung von Gustav Schwab, herausgegeben von Wilhelm Rath. Der Schriftsteller Leo Weismantel veröffentlichte 1929 eine Nacherzählung. 1960 brachte Elisabeth Christern nach eingehenden Quellenstudien eine neue Übersetzung heraus.

Der Verfasser

Wie sich auf mittelalterlichen Bildern weder der Name des Künstlers noch das Entstehungsjahr findet, so hat auch der Verfasser des Buches von den Heiligen Drei Königen keinen Hinweis auf seine Person gegeben. Aus späteren Zeugnissen ergibt sich jedoch eindeutig die Verfasserschaft durch den Karmelitermönch Johannes von Hildesheim. Er wurde dort zwischen 1310 und 1320 geboren und starb 1375

*...cia et graciarū actione quod ex hijs in
die iudicij sis secura in reddenda ratio-
ne. Amen.*

*Explicit legenda triū regum cōposita
p frem iohannē hildesshem ordinis carmelitam
ordinis ad epm monasteriensem. Claruit
anno dm 1370*

*Nachtrag der Hildesheimer Handschrift (Vollendet ist die Legende
der Drei Könige, die Bruder Johannes von Hildesheim vom Orden
der Karmeliter für den Bischof von Münster verfaßte. Sie erglänzte
im Jahre des Herrn 1370)*

im Kloster Marienau. Der älteste Hinweis findet sich
in einem Nachtrag am Ende einer aus dem 14.
Jahrhundert stammenden Handschrift, die in dem
Hildesheimer Stadtarchiv aufbewahrt wird.

In seiner Heimatstadt besuchte Johannes die
Lateinschule. Er verlor in jungen Jahren fast alle
seine Angehörigen und trat mit Billigung seines
Vaters in das Karmeliterkloster Marienau ein, das
zwischen Hildesheim und Hameln liegt. Von den
Gebäuden dieses einzigen Karmeliterklosters im nie-
dersächsischen Raum blieb nur ein Teil der Kirche
erhalten, der heute der evangelisch-lutherischen Kir-

Die ehemalige Klosterkirche in Marienau

chengemeinde als Gotteshaus dient. In den Jahren 1351 bis 1353 studierte Johannes im Karmeliterkolleg zu Avignon, dessen Regens (geistlicher Leiter) der später heilig gesprochene Petrus Thomas war. Er starb 1366 als lateinischer Patriarch von Konstantinopel. In Avignon befand sich damals der päpstliche Hof; Gesandte aus vielen Ländern gingen dort ein und aus. Johannes von Hildesheim berichtet von Gesandten aus dem Fernen Osten, die 1351 an der römischen Kurie weilten. 1353 half Johannes im Auftrag seiner Oberen bei der Gründung einer Klosterniederlassung in Aachen. Anschließend wurde er zum Studium nach Paris entsandt. 1358 berief ihn das in Bordeaux tagende Generalkapitel seines Ordens für zwei Jahre zum Lektor für biblische Vorlesungen an die Pariser Universität. 1361 verließ er Paris als Baccalaureus und wurde im gleichen Jahr bei der Kölner Zusammenkunft des Provinzialkapitels zum Prior und Lektor des Klosters Kassel ernannt. Hier blieb er bis zum Jahre 1364.

Die Klosterkirche der Karmeliter (Brüderkirche) gehört heute zu den ältesten erhalten gebliebenen mittelalterlichen Bauwerken Kassels. Seit 1262 waren Karmeliter in Kassel ansässig, von den hessischen Landgrafen gerufen und von ihnen besonders begünstigt. Vermutlich ist auch die Gründung des Klosters Marienau einer Anregung des hessischen Landgrafen zu verdanken. Auf jeden Fall bestanden engere Beziehungen zwischen dem Kasseler und Marienauer Konvent. Das Kasseler Priorat des Johannes von Hildesheim fällt in die Bauzeit der Brüderkirche, deren Chor 1331 geweiht wurde; 1376 war die Kirche vollendet.

1364 war Johannes von Hildesheim zunächst Lektor und dann 1366–1368 Prior und Lector Principalis in Straßburg. Von dort aus reiste er um 1367 nach Rom. Danach war er kürzere Zeit in Speyer als Lektor tätig. In seinen letzten Lebensjahren finden wir ihn als Prior in seinem Heimatkloster Marienau.

Pfarrer Johann Letzner (gestorben 1613), der eine Reihe von Jahren in Marienau lebte, berichtet, daß Johannes von Hildesheim im Chor der Klosterkirche rechts neben dem Stifter des Klosters bestattet wurde. Sein Grabstein trug folgende Inschrift in lateinischer Sprache: „Unter diesem Stein ruhen die Gebeine, im Himmel aber ist der geistliche Leib des

Die Brüderkirche in Kassel

ehrwürdigen Paters Johannes von Hildesheim, des rastlos tätigen Priors dieses Konventes, gestorben am 5. Mai 1375".

Der weitgereiste Johannes von Hildesheim besaß, wie seine erhaltenen Briefe erweisen, eine umfassende Bildung, stand mit vielen Persönlichkeiten in Verbindung und nahm an den theologischen Auseinandersetzungen seiner Zeit teil. Er wird als Theologe, Rhetor, Philosoph und Poet gerühmt und zu den hervorragendsten Männern gerechnet, die der Karmeliterorden hervorgebracht hat.

Die Entstehung des Buches

Das Buch von den Heiligen Drei Königen ist dem Bischof von Münster Florentius von Wevelinghoven gewidmet. Auf sein Geheiß, betont Johannes von Hildesheim, habe er es verfaßt. Die Familie stammt aus der Gegend von Grevenbroich und gehörte zur Ritterschaft des Erzbistums Köln. Florentius wurde Kanoniker am Kölner Dom und gewann 1360 als päpstlicher Nuntius und Kollektor für die Erzdiözese eine einflußreiche Stellung. 1364 ernannte ihn der Papst zum Bischof von Münster. In den Jahren 1379 bis 1393 residierte Florentius als Bischof von Utrecht. Geht man von diesen Lebensdaten aus, so müßte das Buch zwischen 1364 und 1375, dem Todesjahr·des Johannes von Hildesheim, entstanden sein. Jedoch lassen eine Reihe von Erwägungen eine frühere Entstehung vermuten.

Das Buch schließt mit einem Hymnus auf die Stadt Köln, in der sich die Gebeine der Heiligen Drei Könige befinden. In der Urfassung wird darin auch besonders das „fromme, edle Kollegium der Geistlichen" hervorgehoben, das Köln vor allen anderen Städten auszeichnet. Elisabeth Christern vermutet, daß mit diesem Lob nicht nur eine allgemeine Würdigung ausgesprochen ist, sondern verdeckt auch eine persönliche für Florentius von Wevelinghoven. In dessen Kölner Zeit können freundschaftliche Verbindungen mit Johannes von Hildesheim entstanden sein; vielleicht im Jahre 1361 während des Provinzialkapitels in Köln. Auf jeden Fall hatte Johannes engere Beziehungen zu Köln als der Stadt der Heiligen Drei Könige. Sie waren schon von seiner Heimatstadt her angelegt, denn dort gab es eine ausgeprägte Tradition der Verehrung der Heiligen Drei Könige. Der Kölner Erzbischof Rainald von Dassel hatte Hildesheim, wo er zuvor Dompropst war, Fingerreliquien der Könige geschenkt, die bei besonderen Prozessionen mitgeführt wurden.

Im Jahre 1164 ließ Rainald von Dassel die Gebeine der Heiligen Drei Könige nach Köln überführen. Es ist nicht ausgeschlossen, daß das Buch des Johannes von Hildesheim zur 200. Wiederkehr dieses Ereignisses erscheinen und zugleich den Bau des Kölner Domes fördern sollte. Am 24. April 1364 wurde

Florentius Bischof von Münster. So lag es nahe, daß Johannes von Hildesheim ihm das Buch nun namentlich widmete. Treffen diese Vermutungen zu, so könnte es, wie Elisabeth Christern anklingen läßt, während seiner Kasseler Tätigkeit entstanden sein.

Johannes von Hildesheim hat für die Abfassung seines Buches, wie er schreibt, Berichte aus den verschiedensten Quellen entnommen und mündliche Schilderungen verwandt. Schließlich erwähnt er Predigten und Homilien, die er bei seiner Darstellung benutzt hat. Dazu sind wohl auch biblische Kommentare zu rechnen, die ihm als Lektor bekannt waren. Liturgische Spiele von den Heiligen Drei Königen, die damals sehr verbreitet waren, dürfte er ebenfalls berücksichtigt haben. So entstand erstmals eine umfangreiche Sammlung von Erzählungen über die Heiligen Drei Könige und ihrer fernen Welt, die natürlich nur einen Teil der Überlieferungen aufnehmen und verschränken konnte.

Köln, Holzschnitt aus einer Chronik des Jahres 1499

Die Bedeutung des Buches

Das Leben, die Taten, die Historia, die Legende von den Heiligen Drei Königen – diese Überschriften tragen die mittelalterlichen Handschriften. Es ist nicht einfach, die unterschiedlichen Elemente des Buches, auf die schon Goethe hingewiesen hat, in einem Titel zusammenzufassen. Was Johannes von Hildesheim von den Heiligen Drei Könige erzählt, war für ihn und für seine Zeit keine Legende in unserem heutigen Verständnis, sondern glaubhafte Realität. Das Wort Legende muß darum als Bericht über das Leben der Heiligen Drei Könige verstanden werden. In ihm sind interessante Natur- und Länderbeschreibungen eingeflochten, Berichte über christliche und fremde Religionen im unbekannten Osten und Darstellungen geschichtlicher Begebenheiten. Wahres und Phantastisches sind miteinander verwoben. Die Heiligen Drei Könige bauen eine Brücke zur Begegnung mit fernen Völkern, von denen man durch die Barriere des Islam getrennt war, und über diese Brücke wurde ein Zusammenhang mit dem christlichen Abendland hergestellt. In den Formen mittelalterlichen Denkens entsteht so ein Bild von der Universalität des christlichen Glaubens, die auch die unerreichbaren Völker und Länder umgreift.

Ein langer Weg führte von dem biblischen Bericht über die Weisen aus dem Morgenland, den der

Evangelist Matthäus aufgezeichnet hat, zu den Erzählungen von den Heiligen Drei Königen Kaspar, Melchior und Balthasar, die Johannes von Hildesheim aufschrieb. Er übermittelte damit zugleich den reichen Legendenschatz der Ostkirche. Immer neue Züge wurden im Laufe der Jahrhunderte dem schlichten biblischen Bericht hinzugefügt und gaben dem religiösen Empfinden Ausdruck. Die verzweigte Frömmigkeitsgeschichte der Christenheit läßt sich daran ablesen.

Die Weisen aus dem Morgenland, die aus der Ferne kamen, um den neugeborenen Heiland anzubeten, galten als die „Erstlinge des Glaubens". Die Freude darüber, daß Fremde zuerst zu Christus fanden, und damit die Grenzen überschreitende Botschaft von Christus bezeugten, spiegelt sich schon in Darstellungen der frühchristlichen Katakombenkunst wider. Das Epiphanienfest (6. Januar), das dieses Ereignis feiert, ist das ursprüngliche Weihnachtsfest der Christenheit. Man könnte das Werk des Johannes von Hildesheim als eine ausführliche Betrachtung zu diesem Fest bezeichnen.

Das Buch von den Heiligen Drei Königen gehört zu dem wertvollsten Erzählgut des beginnenden späten Mittelalters. Es läßt uns Einblick nehmen in Frömmigkeit, Denken und Lebenshorizont jener Zeit. Bei uns heute mag sich leicht die Überheblichkeit der Aufgeklärten einschleichen. Doch tiefer ist die Einsicht Goethes, die sich in einem kleinen

„Verslein" spiegelt, das er der Schwabschen Übersetzung für den Druck beigab:

> „Wenn was irgend ist geschehen,
> Hört man's noch in späten Tagen:
> Immer klingend wird es wehen,
> Wenn die Glock' ist angeschlagen.
> Und so laßt von diesem Schalle
> Euch erheitern, viele, viele!
> Denn am Ende sind wir alle
> Pilgernd Könige zum Ziele".

Die Drei Könige treffen sich vor Jerusalem